Frédéric Bastiat

Ce qu'on voit
et ce qu'on ne voit pas

essai

ISBN : 978-1503229839

10 9 8 7 6 5 4 3 2 1

Frédéric Bastiat

Ce qu'on voit
et ce qu'on ne voit pas

essai

Table de Matières

Note de l'éditeur	7
Introduction	8
I. La Vitre cassée	9
II. Le Licenciement	12
III. L'impôt	15
IV. Théâtres, Beaux-Arts	19
V. Travaux publics	25
VI. Les Intermédiaires	28
VII. Restriction	34
VIII. Les Machines	39
IX. Crédit	45
X. L'Algérie	48
XI. Épargne et Luxe	52
XII. Droit au Travail, Droit au Profit	58

Note de l'éditeur

Ce pamphlet, publié en juillet 1850, est le dernier que Bastiat ait écrit. Depuis plus d'un an, il était promis au public. Voici comment son apparition fut retardée. L'auteur en perdit le manuscrit lorsqu'il transporta son domicile de la rue de Choiseul à la rue d'Alger. Après de longues et inutiles recherches, il se décida à recommencer entièrement son œuvre, et choisit pour base principale de ses démonstrations des discours récemment prononcés à l'Assemblée nationale. Cette tâche finie, il se reprocha d'avoir été trop sérieux, jeta au feu le second manuscrit et écrivit celui que nous réimprimons.

Introduction

Dans la sphère économique, un acte, une habitude, une institution, une loi n'engendrent pas seulement un effet, mais une série d'effets. De ces effets, le premier seul est immédiat; il se manifeste simultanément avec sa cause, on le voit. Les autres ne se déroulent que successivement, on ne les voit pas ; heureux si on les prévoit.

Entre un mauvais et un bon Économiste, voici toute la différence : l'un s'en tient à l'effet visible ; l'autre tient compte et de l'effet qu'on voit et de ceux qu'il faut prévoir.

Mais cette différence est énorme, car il arrive presque toujours que, lorsque la conséquence immédiate est favorable, les conséquences ultérieures sont funestes, et vice versa. - D'où il suit que le mauvais Économiste poursuit un petit bien actuel qui sera suivi d'un grand mal à venir, tandis que le vrai économiste poursuit un grand bien à venir, au risque d'une petit mal actuel.

Du reste, il en est ainsi en hygiène, en morale. Souvent, plus le premier fruit d'une habitude est doux, plus les autres sont amers. Témoin : la débauche, la paresse, la prodigalité. Lors donc qu'un homme, frappé de l'effet qu'on voit, n'a pas encore appris à discerner ceux qu'on ne voit pas, il s'abandonne à des habitudes funestes, non-seulement par penchant, mais par calcul.

Ceci explique l'évolution fatalement douloureuse de l'humanité. L'ignorance entoure son berceau ; donc elle se détermine dans ses actes par leurs premières conséquences, les seules, à son origine, qu'elle puisse voir. Ce n'est qu'à la longue qu'elle apprend à tenir compte des autres. Deux maîtres, bien divers, lui enseignent cette leçon : l'Expérience et la Prévoyance. L'expérience régente efficacement mais brutalement. Elle nous instruit de tous les effets d'un acte en nous les faisant ressentir, et nous ne pouvons manquer de finir par savoir que le feu brûle, à force de nous brûler. À ce rude docteur, j'en voudrais, autant que possible, substituer un plus doux : la Prévoyance. C'est pourquoi je rechercherai les conséquences de quelques phénomènes économiques, opposant à celles qu'on voit celles qu'on ne voit pas.

Frédéric Bastiat

I. La Vitre cassée

Avez-vous jamais été témoin de la fureur du bon bourgeois Jacques Bonhomme, quand son fils terrible est parvenu à casser un carreau de vitre ? Si vous avez assisté à ce spectacle, à coup sûr vous aurez aussi constaté que tous les assistants, fussent-ils trente, semblent s'être donné le mot pour offrir au propriétaire infortuné cette consolation uniforme : « À quelque chose malheur est bon. De tels accidents font aller l'industrie. Il faut que tout le monde vive. Que deviendraient les vitriers, si l'on ne cassait jamais de vitres ? »

Or, il y a dans cette formule de condoléance toute une théorie, qu'il est bon de surprendre *flagrante delicto*, dans ce cas très-simple, attendu que c'est exactement la même que celle qui, par malheur, régit la plupart de nos institutions économiques.

À supposer qu'il faille dépenser six francs pour réparer le dommage, si l'on veut dire que l'accident fait arriver six francs à l'industrie vitrière, qu'il encourage dans la mesure de six francs la susdite industrie, je l'accorde, je ne conteste en aucune façon, on raisonne juste. Le vitrier va venir, il fera besogne, touchera six francs, se frottera les mains et bénira de son cœur l'enfant terrible. C'est ce qu'on voit.

Mais si, par voie de déduction, on arrive à conclure, comme on le fait trop souvent, qu'il est bon qu'on casse les vitres, que cela fait circuler l'argent, qu'il en résulte un encouragement pour l'industrie en général, je suis obligé de m'écrier : halte-là ! Votre théorie s'arrête à ce qu'on voit, ne tient pas compte de ce qu'on ne voit pas.

On ne voit pas que, puisque notre bourgeois a dépensé six francs à une chose, il ne pourra plus les dépenser à une autre. On ne voit pas que s'il n'eût pas eu de vitre à remplacer, il eût remplacé, par exemple, ses souliers éculés ou mis un livre de plus dans sa bibliothèque. Bref, il aurait fait de ces six francs un emploi quelconque qu'il ne fera pas.

Faisons donc le compte de l'industrie en général.

La vitre étant cassée, l'industrie vitrière est encouragée dans la mesure de six francs ; c'est ce qu'on voit. Si la vitre n'eût pas été cassée, l'industrie cordonnière (ou toute autre) eût été encouragée dans la mesure de six francs ; c'est ce qu'on ne voit pas.

Et si l'on prenait en considération ce qu'on ne voit pas parce que c'est un fait négatif, aussi bien que ce que l'on voit, parce que c'est un fait positif, on comprendrait qu'il n'y a aucun intérêt pour l'industrie en général, ou pour l'ensemble du travail national, à ce que des vitres se cassent ou ne se cassent pas.

Faisons maintenant le compte de Jacques Bonhomme.

Dans la première hypothèse, celle de la vitre cassée, il dépense six francs, et a, ni plus ni moins que devant, la jouissance d'une vitre. Dans la seconde, celle où l'accident ne fût pas arrivé, il aurait dépensé six francs en chaussure et aurait eu tout à la fois la jouissance d'une paire de souliers et celle d'une vitre.

Or, comme Jacques Bonhomme fait partie de la société, il faut conclure de là que, considérée dans son ensemble, et toute balance faite de ses travaux et de ses jouissances, elle a perdu la valeur de la vitre cassée.

Par où, en généralisant, nous arrivons à cette conclusion inattendue : « la société perd la valeur des objets inutilement détruits, » - et à cet aphorisme qui fera dresser les cheveux sur la tête des protectionnistes: « Casser, briser, dissiper, ce n'est pas encourager le travail national, » ou plus brièvement : « destruction n'est pas profit. »

Que direz-vous, Moniteur industriel, que direz-vous, adeptes de ce bon M. de Saint-Chamans, qui a calculé avec tant de précision ce que l'industrie gagnerait à l'incendie de Paris, à raison des maisons qu'il faudrait reconstruire ?

Je suis fâché de déranger ses ingénieux calculs, d'autant qu'il en a fait passer l'esprit dans notre législation. Mais je le prie de les recommencer, en faisant entrer en ligne de compte ce qu'on ne voit pas à côté de ce qu'on voit.

Il faut que le lecteur s'attache à bien constater qu'il n'y a pas seulement deux personnages, mais trois dans le petit drame que j'ai soumis à son attention. L'un, Jacques Bonhomme, représente le Consommateur, réduit par la destruction à une jouissance au lieu de deux. L'autre, sous la figure du Vitrier, nous montre le Producteur dont l'accident encourage l'industrie. Le troisième est le Cordonnier (ou tout autre industriel) dont le travail est découragé d'autant par la même cause. C'est ce troisième personnage qu'on tient toujours dans l'ombre et qui, personnifiant ce qu'on ne voit pas, est un élément nécessaire du

Frédéric Bastiat

problème. C'est lui qui bientôt nous enseignera qu'il n'est pas moins absurde de voir un profit dans une restriction, laquelle n'est après tout qu'une destruction partielle. - Aussi, allez au fond de tous les arguments qu'on fait valoir en sa faveur, vous n'y trouverez que la paraphrase de ce dicton vulgaire : « Que deviendraient les vitriers, si l'on ne cassait jamais de vitres ? »

I. La Vitre cassée

II. Le Licenciement

Il en est d'un peuple comme d'un homme. Quand il veut se donner une satisfaction, c'est à lui de voir si elle vaut ce qu'elle coûte. Pour une nation, la Sécurité est le plus grand des biens. Si, pour l'acquérir, il faut mettre sur pied cent mille hommes et dépenser cent millions, je n'ai rien à dire. C'est une jouissance achetée au prix d'un sacrifice.

Qu'on ne se méprenne donc pas sur la portée de ma thèse.

Un représentant propose de licencier cent mille hommes pour soulager les contribuables de cent millions.

Si on se borne à lui répondre : « Ces cent mille hommes et cent millions sont indispensables à la sécurité nationale : c'est un sacrifice ; mais, sans ce sacrifice, la France serait déchirée par les factions ou envahie par l'étranger. » - Je n'ai rien à opposer ici à cet argument, qui peut être vrai ou faux en fait, mais qui ne renferme pas théoriquement d'hérésie économique. L'hérésie commence quand on veut représenter le sacrifice lui-même comme un avantage, parce qu'il profite à quelqu'un.

Or, je suis bien trompé, ou l'auteur de la proposition ne sera pas plus tôt descendu de la tribune qu'un orateur s'y précipitera pour dire :

« Licencier cent mille hommes ! y pensez-vous ? Que vont-ils devenir? de quoi vivront-ils ? sera-ce de travail ? mais ne savez-vous pas que le travail manque partout ? que toutes les carrières sont encombrées ? Voulez-vous les jeter sur la place pour y augmenter la concurrence et peser sur le taux des salaires ? Au moment où il est si difficile de gagner sa pauvre vie, n'est-il pas heureux que l'État donne du pain à cent mille individus ? Considérez, de plus, que l'armée consomme du vin, des vêtements, des armes, qu'elle répand ainsi l'activité dans les fabriques, dans les villes de garnison, et qu'elle est, en définitive, la Providence de ses innombrables fournisseurs. Ne frémissez-vous pas à l'idée d'anéantir cet immense mouvement industriel ? »

Ce discours, on le voit, conclut au maintien des cent mille soldats, abstraction faite des nécessités du service, et par des considérations économiques. Ce sont ces considérations seules que j'ai à réfuter.

Cent mille hommes, coûtant aux contribuables cent millions, vivent et font vivre leurs fournisseurs autant que cent millions peuvent s'étendre

: c'est ce qu'on voit.

Mais cent millions, sortis de la poche des contribuables, cessent de faire vivre ces contribuables et leurs fournisseurs, autant que cent millions peuvent s'étendre : c'est ce qu'on ne voit pas. Calculez, chiffrez, et dites-moi où est le profit pour la masse ?

Quant à moi, je vous dirai où est la perte, et, pour simplifier, au lieu de parler de cent mille hommes et de cent millions, raisonnons sur un homme et mille francs.

Nous voici dans le village de A. Les recruteurs font la tournée et y enlèvent un homme. Les percepteurs font leur tournée aussi et y enlèvent mille francs. L'homme et la somme sont transportés à Metz, l'une destinée à faire vivre l'autre, pendant un an, sans rien faire. Si vous ne regardez que Metz, oh ! vous avez cent fois raison, la mesure est très avantageuse ; mais si vos yeux se portent sur le village de A, vous jugerez autrement, car, à moins d'être aveugle, vous verrez que ce village a perdu un travailleur et les mille francs qui rémunéraient son travail, et l'activité que, par la dépense de ces mille francs, il répandait autour de lui.

Au premier coup d'œil, il semble qu'il y ait compensation. Le phénomène qui se passait au village se passe à Metz, et voilà tout.

Mais voici où est la perte. Au village, un homme bêchait et labourait : c'était un travailleur ; à Metz, il fait des tête droite et des tête gauche : c'est un soldat. L'argent et la circulation sont les mêmes dans les deux cas ; mais, dans l'un, il y avait trois cents journées de travail productif ; dans l'autre, il a trois cents journées de travail improductif, toujours dans la supposition qu'une partie de l'armée n'est pas indispensable à la sécurité publique.

Maintenant, vienne le licenciement. Vous me signalez un surcroît de cent mille travailleurs, la concurrence stimulée et la pression qu'elle exerce sur le taux des salaires. C'est ce vous voyez.

Mais voici ce que vous ne voyez pas. Vous ne voyez pas que renvoyer cent mille soldats, ce n'est pas anéantir cent millions, c'est les remettre aux contribuables. Vous ne voyez pas que jeter ainsi cent mille travailleurs sur le marché, c'est y jeter, du même coup, les cent millions destinés à payer leur travail ; que, par conséquent, la même mesure qui augmente l'offre des bras en augmente aussi la demande ; d'où il suit que

II. Le Licenciement

votre baisse des salaires est illusoire. Vous ne voyez pas qu'avant, comme après le licenciement, il y a dans le pays cent millions correspondant à cent mille hommes ; que toute la différence consiste en ceci : avant, le pays livre les cent millions aux cent mille hommes pour ne rien faire ; après, il les leur livre pour travailler. Vous ne voyez pas, enfin, que lorsqu'un contribuable donne son argent, soit à un soldat en échange de rien, soit à un travailleur en échange de quelque chose, toutes les conséquences ultérieures de la circulation de cet argent sont les mêmes dans les deux cas ; seulement, dans le second cas, le contribuable reçoit quelque chose, dans le premier, il ne reçoit rien. - Résultat : une perte sèche pour la nation.

Le sophisme que je combats ici ne résiste pas à l'épreuve de la progression, qui est la pierre de touche des principes. Si, tout compensé, tous intérêts examinés, il y a profit national à augmenter l'armée, pourquoi ne pas enrôler sous les drapeaux toute la population virile du pays ?

III. L'impôt

Ne vous est-il jamais arrivé d'entendre dire :

« L'impôt, c'est le meilleur placement; c'est une rosée fécondante ? Voyez combien de familles il fait vivre, et suivez, par la pensée, ses ricochets sur l'industrie : c'est l'infini, c'est la vie ».

Pour combattre cette doctrine, je suis obligé de reproduire la réfutation précédente. L'économie politique sait bien que ses arguments ne sont pas assez divertissants pour qu'on en puisse dire : *Repetita placent*. Aussi, comme Basile, elle a arrangé le proverbe à son usage, bien convaincue que dans sa bouche, *Repetita docent*.

Les avantages que les fonctionnaires trouvent à émarger, c'est ce qu'on voit. Le bien qui en résulte pour leurs fournisseurs, c'est ce qu'on voit encore. Cela crève les yeux du corps.

Mais le désavantage que les contribuables éprouvent à se libérer, c'est ce qu'on ne voit pas, et le dommage qui en résulte pour leurs fournisseurs, c'est ce qu'on ne voit pas davantage, bien que cela dût sauter aux yeux de l'esprit.

Quand un fonctionnaire dépense à son profit cent sous de plus, cela implique qu'un contribuable dépense à son profit cent sous de moins. Mais la dépense du fonctionnaire se voit, parce qu'elle se fait ; tandis que celle du contribuable ne se voit pas, parce que, hélas! on l'empêche de se faire.

Vous comparez la nation à une terre desséchée et l'impôt à une pluie féconde. Soit. Mais vous devriez vous demander aussi où sont les sources de cette pluie, et si ce n'est pas précisément l'impôt qui pompe l'humidité du sol et le dessèche.

Vous devriez vous demander encore s'il est possible que le sol reçoive autant de cette eau précieuse par la pluie qu'il en perd par l'évaporation?

Ce qu'il y a de très-positif, c'est que, quand Jacques Bonhomme compte cent sous au percepteur, il ne reçoit rien en retour. Quand, ensuite, un fonctionnaire dépensant ces cent sous, les rend à Jacques Bonhomme, c'est contre une valeur égale en blé ou en travail. Le résultat définitif est pour Jacques Bonhomme une perte de cinq francs.

Il est très-vrai que souvent, le plus souvent si l'on veut, le fonctionnaire rend à Jacques Bonhomme un service équivalent. En ce cas, il n'y a pas perte de part ni d'autre, il n'y a qu'échange. Aussi, mon argumentation ne s'adresse-t-elle nullement aux fonctions utiles. Je dis ceci : si vous voulez une fonction, prouvez son utilité. Démontrez qu'elle vaut à Jacques Bonhomme, par les services qu'elle lui rend, l'équivalent de ce qu'elle lui coûte. Mais, abstraction faite de cette utilité intrinsèque, n'invoquez pas comme argument l'avantage qu'elle confère au fonctionnaire, à sa famille et à ses fournisseurs ; n'alléguez pas qu'elle favorise le travail.

Quand Jacques Bonhomme donne cent sous à un fonctionnaire contre un service réellement utile, c'est exactement comme quand il donne cent sous à un cordonnier contre une paire de souliers. Donnant donnant, partant quittes. Mais, quand Jacques Bonhomme livre cent sous à un fonctionnaire pour n'en recevoir aucun service ou même pour en recevoir des vexations, c'est comme s'il les livrait à un voleur. Il ne sert de rien de dire que le fonctionnaire dépensera ces cent sous au grand profit du travail national ; autant en eût fait le voleur ; autant en ferait Jacques Bonhomme s'il n'eût rencontré sur son chemin ni le parasite extra-légal ni le parasite légal.

Habituons-nous donc à ne pas juger des choses seulement par ce qu'on voit, mais encore par ce qu'on ne voit pas.

L'an passé, j'étais du Comité des finances, car, sous la Constituante, les membres de l'opposition n'étaient pas systématiquement exclus de toutes les Commissions ; en cela, la Constituante agissait sagement. Nous avons entendu M. Thiers dire : « J'ai passé ma vie à combattre les hommes du parti légitimiste et du parti prêtre. Depuis que le danger commun nous a rapproché, depuis que je les fréquente, que je les connais, que nous nous parlons cœur à cœur, je me suis aperçu que ce ne sont pas les monstres que je m'étais figurés. »

Oui, les défiances s'exagèrent, les haines s'exaltent entre les partis qui ne se mêlent pas; et si la majorité laissait pénétrer dans le sein des Commissions quelques membres de la minorité, peut-être reconnaîtrait-on, de part et d'autre, que les idées ne sont pas aussi éloignées et surtout les intentions aussi perverses qu'on le suppose.

Quoi qu'il en soit, l'an passé, j'étais du Comité des finances. Chaque fois qu'un de nos collègues parlait de fixer à un chiffre modéré le traitement du Président de la République, des ministres, des ambassadeurs, on lui répondait :

« Pour le bien même du service, il faut entourer certaines fonctions d'éclat et de dignité. C'est le moyen d'y appeler les hommes de mérite. D'innombrables infortunes s'adressent au Président de la République, et ce serait le placer dans une position pénible que de le forcer à toujours refuser. Une certaine représentation dans les salons ministériels et diplomatiques est un des rouages des gouvernements constitutionnels, etc., etc. »

Quoique de tels arguments puissent être controversés, ils méritent certainement un sérieux examen. Ils sont fondés sur l'intérêt public, bien ou mal apprécié ; et, quant à moi, j'en fais plus de cas que beaucoup de nos Catons, mus par un esprit étroit de lésinerie ou de jalousie.

Mais ce qui révolte ma conscience d'économiste, ce qui me fait rougir pour la renommée intellectuelle de mon pays, c'est quand on en vient (ce à quoi on ne manque jamais) à cette banalité absurde, et toujours favorablement accueillie :

« D'ailleurs, le luxe des grands fonctionnaires encourage les arts, l'industrie, le travail. Le chef de l'État et ses ministres ne peuvent donner des festins et des soirées sans faire circuler la vie dans toutes les veines du corps social. Réduire leurs traitements, c'est affamer l'industrie parisienne et, par contre-coup, l'industrie nationale. »

De grâce, Messieurs, respectez au moins l'arithmétique et ne venez pas dire, devant l'Assemblée nationale de France, de peur qu'à sa honte elle ne vous approuve, qu'une addition donne une somme différente, selon qu'on la fait de haut en bas ou de bas en haut.

Quoi ! je vais m'arranger avec un terrassier pour qu'il fasse une rigole dans mon champ, moyennant cent sous. Au moment de conclure, le percepteur me prend mes cent sous et les fait passer au ministre de l'intérieur ; mon marché est rompu mais M. le ministre ajoutera un plat de plus à son dîner. Sur quoi, vous osez affirmer que cette dépense officielle est un surcoût ajouté à l'industrie nationale ! Ne comprenez-vous pas qu'il n'y a là qu'un simple déplacement de satisfaction et de travail ? Un ministre a sa table mieux garnie, c'est vrai ; mais un agriculteur a un champ moins bien desséché, et c'est tout aussi vrai. Un traiteur parisien a gagné cent sous, je vous l'accorde ; mais accordez-

III. L'impôt

moi qu'un terrassier provincial a manqué de gagner cinq francs. Tout ce qu'on peut dire, c'est que le plat officiel et le traiteur satisfait, c'est ce qu'on voit ; le champ noyé et le terrassier désœuvré, c'est ce qu'on ne voit pas.

Bon Dieu ! que de peine à prouver, en économie politique, que deux et deux font quatre ; et, si vous y parvenez, on s'écrie : « c'est si clair, que c'en est ennuyeux. » - Puis on vote comme si vous n'aviez rien prouvé du tout.

Frédéric Bastiat

IV. Théâtres, Beaux-Arts

L'État doit-il subventionner les arts ?

Il y a certes beaucoup à dire Pour et Contre.

En faveur du système des subventions, on peut dire que les arts élargissent, élèvent et poétisent l'âme d'une nation, qu'ils l'arrachent à des préoccupations matérielles, lui donnent le sentiment du beau, et réagissent ainsi favorablement sur ses manières, ses coutumes, ses mœurs et même sur son industrie. On peut se demander où en serait la musique en France, sans le Théâtre-Italien et le Conservatoire ; l'art dramatique, sans le Théâtre-Français ; la peinture et la sculpture, sans nos collections et nos musées. On peut aller plus loin et se demander si, sans la centralisation et par conséquent la subvention des beaux-arts, ce goût exquis se serait développé, qui est le noble apanage du travail français et impose ses produits à l'univers entier. En présence de tels résultats, ne serait-ce pas une haute imprudence que de renoncer à cette modique cotisation de tous les citoyens qui, en définitive, réalise, au milieu de l'Europe, leur supériorité et leur gloire ?

À ces raisons et bien d'autres, dont je ne conteste pas la force, on peut en opposer de non moins puissantes. Il y a d'abord, pourrait-on dire, une question de justice distributive. Le droit du législateur va-t-il jusqu'à ébrécher le salaire de l'artisan pour constituer un supplément de profits à l'artiste ? M. Lamartine disait : « Si vous supprimez la subvention d'un théâtre, où vous arrêterez-vous dans cette voie, et ne serez-vous pas logiquement entraînés à supprimer vos Facultés, vos Musées, vos Instituts, vos Bibliothèques ? » On pourrait répondre : « Si vous voulez subventionner tout ce qui est bon et utile, où vous arrêterez-vous dans cette voie, et ne serez-vous pas entraînés logiquement à constituer une liste civile à l'agriculture, à l'industrie, au commerce, à la bienfaisance, à l'instruction ? » Ensuite, est-il certain que les subventions favorisent le progrès de l'art ? C'est une question qui est loin d'être résolue, et nous voyons de nos yeux que les théâtres qui prospèrent sont ceux qui vivent de leur propre vie. Enfin, s'élevant à des considérations plus hautes, on peut faire observer que les besoins et les désirs naissent les uns des autres et s'élèvent dans des régions de plus en plus épurées, à mesure que la richesse publique permet de les satisfaire ; que le gouvernement n'a point à se mêler de cette correspondance, puisque, dans un état donné de la fortune actuelle, il ne saurait stimuler, par l'impôt, les industries de luxe sans froisser les industries de nécessité, intervertissant ainsi la marche naturelle de la civilisation. On peut faire observer que ces déplacements artificiels des besoins, des goûts, du travail et de la population, placent les peuples dans une situation précaire et dangereuse, qui n'a plus de base solide.

Voilà quelques-unes des raisons qu'allèguent les adversaires de l'intervention de l'État, en ce qui concerne l'ordre dans lequel les citoyens croient devoir satisfaire leurs besoins et leurs désirs, et par conséquent diriger leur activité. Je suis de ceux, je l'avoue, qui pensent que le choix, l'impulsion doit venir d'en bas, non d'en haut, des citoyens, non du législateur ; et la doctrine contraire me semble conduire à l'anéantissement de la liberté et de la dignité humaines.

Mais, par une déduction aussi fausse qu'injuste, sait-on de quoi on accuse les économistes ? c'est, quand nous repoussons la subvention, de repousser la chose même qu'il s'agit de subventionner, et d'être les ennemis de tous les genres d'activité, parce que nous voulons que ces activités, d'une part soient libres, et de l'autre cherchent en elles-mêmes leur propre récompense. Ainsi, demandons-nous que l'État n'intervienne pas, par l'impôt, dans les matières religieuses ? nous sommes des athées. Demandons-nous que l'État n'intervienne pas, par l'impôt, dans l'éducation ? nous haïssons les lumières. Disons-nous que l'État ne doit pas donner, par l'impôt, une valeur factice au sol, à tel ordre d'industrie ? nous sommes les ennemis de la propriété et du travail. Pensons-nous que l'État ne doit pas subventionner les artistes ? nous sommes des barbares qui jugeons les arts inutiles.

Je proteste ici de toutes mes forces contre ces déductions.

Loin que nous entretenions l'absurde pensée d'anéantir la religion, l'éducation, la propriété, le travail et les arts quand nous demandons que l'État protège le libre développement de tous ces ordres d'activité humaine, sans les soudoyer aux dépens les uns des autres, nous croyons au contraire que toutes ces forces vives de la société se développeraient harmonieusement sous l'influence de la liberté, qu'aucune d'elles ne deviendrait, comme nous le voyons aujourd'hui, une source de troubles, d'abus, de tyrannie et de désordre.

Frédéric Bastiat

Nos adversaires croient qu'une activité qui n'est ni soudoyée ni réglementée est une activité anéantie. Nous croyons le contraire. Leur foi est dans le législateur, non dans l'humanité. La nôtre est dans l'humanité, non dans le législateur.

Ainsi, M. Lamartine disait : « Au nom de ce principe, il faut abolir les expositions publiques qui font l'honneur et la richesse de ce pays. »

Je réponds à M. Lamartine : « À votre point de vue, ne pas subventionner c'est abolir, parce que, partant de cette donnée que rien n'existe que par la volonté de l'État, vous en concluez que rien ne vit que ce que l'impôt fait vivre. Mais je retourne contre vous l'exemple que vous avez choisi, et je vous fait observer que la plus grande, la plus noble des expositions, celle qui est conçue dans la pensée la plus libérale, la plus universelle, et je puis même me servir du mot humanitaire, qui n'est pas ici exagéré, c'est l'exposition qui se prépare à Londres, la seule dont aucun gouvernement ne se mêle et qu'aucun impôt ne soudoie. »

Revenant aux beaux-arts, on peut, je le répète, alléguer pour et contre le système des subventions des raisons puissantes. Le lecteur comprend que, d'après l'objet spécial de cet écrit, je n'ai ni à exposer ces raisons, ni à décider entre elles.

Mais M. Lamartine a mis en avant un argument que je ne puis passer sous silence, car il rentre dans le cercle très précis de cette étude économique.

Il a dit :

> «La question économique, en matière de théâtres, se résume en un seul mot : c'est du travail. Peu importe la nature de ce travail, c'est un travail aussi fécond, aussi productif que toute autre nature de travaux dans une nation. Les théâtres, vous le savez, ne nourrissent pas moins, ne salarient pas moins, en France, de quatre-vingt mille ouvriers de toute nature, peintres, maçons, décorateurs, costumiers, architectes, etc., qui sont la vie même et le mouvement de plusieurs quartiers de cette capitale, et, à ce titre, ils doivent obtenir vos sympathies !» (Jeudi, le 6 juin 2002) (Jeudi, le 6 juin 2002)

Vos sympathies ! - traduisez : vos subventions.

Et plus loin :

> «Les plaisirs de Paris sont le travail et la consommation des départements, et les luxes du riche sont le salaire et le pain de deux cent mille ouvriers de toute espèce, vivant de l'industrie si multiple des théâtres sur la surface de la République, et recevant de ces plaisirs nobles, qui illustrent la France, l'aliment de leur vie et le nécessaire de leurs familles et de leurs enfants. C'est à eux que vous donnerez ces 60 000 F. (Très bien ! très bien ! marques nombreuses d'approbation.)»

Pour moi, je suis forcé de dire : très mal ! très mal ! en restreignant, bien entendu, la portée de ce jugement à l'argument économique dont il est ici question.

Oui, c'est aux ouvriers des théâtres qu'iront, du moins en partie, les 60 000 F dont il s'agit. Quelques bribes pourront bien s'égarer en chemin. Même, si l'on scrutait la chose de prés, peut-être découvrirait-on que le gâteau prendra une autre route ; heureux les ouvriers s'il leur reste quelques miettes ! Mais je veux bien admettre que la subvention entière ira aux peintres, décorateurs, costumiers, coiffeurs, etc. C'est ce qu'on voit.

Mais d'où vient-elle ? Voilà le revers de la question, tout aussi important à examiner que la face. Où est la source de ces 60 000 F ? Et où iraient-ils, si un vote législatif ne les dirigeait d'abord vers la rue Rivoli et de là vers la rue Grenelle ? C'est ce qu'on ne voit pas.

Assurément nul n'osera soutenir que le vote législatif a fait éclore cette somme dans l'urne du scrutin ; qu'elle est une pure addition faite à la richesse nationale ; que, sans ce vote miraculeux, ces soixante mille francs eussent été à jamais invisibles et impalpables. Il faut bien admettre que tout ce qu'a pu faire la majorité, c'est de décider qu'ils seraient pris quelque part pour être envoyés quelque part, et qu'ils ne recevraient une destination que parce qu'ils seraient détournés d'une autre.

Frédéric Bastiat

La chose étant ainsi, il est clair que le contribuable qui aura été taxé à un franc, n'aura plus ce franc à sa disposition. Il est clair qu'il sera privé d'une satisfaction dans la mesure d'un franc, et que l'ouvrier, quel qu'il soit, qui la lui aurait procurée, sera privé de salaire dans la même mesure.

Ne nous faisons donc pas cette puérile illusion de croire que le vote du 16 mai ajoute quoi que ce soit au bien-être et au travail national. Il déplace les jouissances, il déplace les salaires, voilà tout.

Dira-t-on qu'à un genre de satisfaction et à un genre de travail, il substitue des satisfactions et des travaux plus urgents, plus moraux, plus raisonnables ? Je pourrais lutter sur ce terrain. Je pourrais dire : En arrachant 60 000 F aux contribuables, vous diminuez les salaires des laboureurs, terrassiers, charpentiers, forgerons, et vous augmentez d'autant les salaires des chanteurs, coiffeurs, décorateurs et costumiers. Rien ne prouve que cette dernière classe soit plus intéressante que l'autre. M. Lamartine ne l'allègue pas. Il dit lui-même que le travail des théâtres est aussi fécond, aussi productif (et non plus) que tout autre, ce qui pourrait encore être contesté ; car la meilleure preuve que le second n'est pas aussi fécond que le premier, c'est que celui-ci est appelé à soudoyer celui-là.

Mais cette comparaison entre la valeur et le mérite intrinsèque des diverses natures de travaux n'entre pas dans mon sujet actuel. Tout ce que j'ai à faire ici, c'est de montrer que si M. Lamartine et les personnes qui ont applaudi à son argumentation ont vu, de l'œil gauche, les salaires gagnés par les fournisseurs des comédiens, ils auraient dû voir, de l'œil droit, les salaires perdus pour les fournisseurs des contribuables ; faute de quoi, ils se sont exposés au ridicule de prendre un déplacement pour un gain. S'ils étaient conséquents à leur doctrine, ils demanderaient des subventions à l'infini ; car ce qui est vrai d'un franc et de 60 000 F, est vrai, dans des circonstances identiques, d'un milliard de francs.

Quand il s'agit d'impôts, messieurs, prouvez-en l'utilité par des raisons tirées du fond, mais non point par cette malencontreuse assertion : « Les dépenses publiques font vivre la classe ouvrière. » Elle a le tort de dissimuler un fait essentiel, à savoir que les dépenses publiques se substituent toujours à des dépenses privées, et que, par conséquent, elles font bien vivre un ouvrier au lieu d'un autre, mais n'ajoutent rien au lot de la classe ouvrière prise en masse. Votre argumentation est

IV. Théâtres, Beaux-Arts

fort de mode, mais elle est trop absurde pour que la raison n'en ait pas raison.

Frédéric Bastiat

V. Travaux publics

Qu'une nation, après s'être assurée qu'une grande entreprise doit profiter à la communauté, la fasse exécuter sur le produit d'une cotisation commune, rien de plus naturel. Mais la patience m'échappe, je l'avoue, quand j'entends alléguer à l'appui d'une telle résolution cette bévue économique : « C'est d'ailleurs le moyen de créer du travail pour les ouvriers. »

L'État ouvre un chemin, bâtit un palais, redresse une rue, perce un canal ; par là, il donne du travail à certains ouvriers, c'est ce qu'on voit; mais il prive de travail certains autres ouvriers, c'est ce qu'on ne voit pas.

Voilà la route en cours d'exécution. Mille ouvriers arrivent tous les matins, se retirent tous les soirs, emportent leur salaire, cela est certain. Si la route n'eût pas été décrétée, si les fonds n'eussent pas été votés, ces braves gens n'eussent rencontré là ni ce travail ni ce salaire ; cela est certain encore.

Mais est-ce tout ? L'opération, dans son ensemble, n'embrasse-t-elle pas autre chose ? Au moment où M. Dupin prononce les paroles sacramentelles : « L'Assemblée a adopté », les millions descendent-ils miraculeusement sur un rayon de la lune dans les coffres de MM. Fould et Bineau ? Pour que l'évolution, comme on dit, soit complète, ne faut-il pas que l'État organise la recette aussi bien que la dépense ? qu'il mette ses percepteurs en campagne et ses contribuables à contribution ?

Étudiez donc la question dans ses deux éléments. Tout en constatant la destination que l'État donne aux millions votés, ne négligez pas de constater aussi la destination que les contribuables auraient donnée - et ne peuvent plus donner - à ces mêmes millions. Alors, vous comprendrez qu'une entreprise publique est une médaille à deux revers. Sur l'une figure un ouvrier occupé, avec cette devise : Ce qu'on voit ; sur l'autre, un ouvrier inoccupé, avec cette devise : Ce qu'on ne voit pas.

Le sophisme que je combats dans cet écrit est d'autant plus dangereux, appliqué aux travaux publics, qu'il sert à justifier les entreprises et les prodigalités les plus folles. Quand un chemin de fer ou un pont ont une utilité réelle, il suffit d'invoquer cette utilité. Mais si on ne le peut, que fait-on ? On a recours à cette mystification : « Il faut procurer de l'ouvrage aux ouvriers. »

Cela dit, on ordonne de faire et de défaire les terrasses du Champ de Mars. Le grand Napoléon, on le sait, croyait faire œuvre philanthropique en faisant creuser et combler des fossés. Il disait aussi : « Qu'importe le résultat ? Il ne faut voir que la richesse répandue parmi les classes laborieuses. »

Allons au fond des choses. L'argent nous fait illusion. Demander le concours, sous forme d'argent, de tous les citoyens à une œuvre commune, c'est en réalité leur demander un concours en nature : car chacun d'eux se procure, par le travail, la somme à laquelle il est taxé. Or, que l'on réunisse tous les citoyens pour leur faire exécuter, par prestation, une œuvre utile à tous, cela pourrait se comprendre ; leur récompense serait dans les résultats de l'œuvre elle-même. Mais qu'après les avoir convoqués, on les assujettisse à faire des routes où nul ne passera, des palais que nul n'habitera, et cela, sous prétexte de leur procurer du travail : voilà qui serait absurde et ils seraient, certes, fondés à objecter : de ce travail-là nous n'avons que faire ; nous aimons mieux travailler pour notre propre compte.

Le procédé qui consiste à faire concourir les citoyens en argent et non en travail ne change rien à ces résultats généraux. Seulement, par ce dernier procédé, la perte se répartirait sur tout le monde. Par le premier, ceux que l'État occupe échappent à leur part de perte, en l'ajoutant à celle que leurs compatriotes ont déjà à subir.

Il y a un article de la Constitution qui porte :

> «La société favorise et encourage le développement du travail... par l'établissement par l'État, les départements et les communes, de travaux publics propres à employer les bras inoccupés.» (Jeudi, le 6 juin 2002)

Comme mesure temporaire, dans un temps de crise, pendant un hiver rigoureux, cette intervention du contribuable peut avoir de bons effets. Elle agit dans le même sens que les assurances. Elle n'ajoute rien au travail ni au salaire, mais elle prend du travail et des salaires sur les temps ordinaires pour en doter, avec perte il est vrai, des époques difficiles.

Comme mesure permanente, générale, systématique, ce n'est autre chose qu'une mystification ruineuse, une impossibilité, une

Frédéric Bastiat

contradiction qui montre un peu de travail stimulé qu'on voit, et cache beaucoup de travail empêché qu'on ne voit pas.

VI. Les Intermédiaires

La société est l'ensemble des services que les hommes se rendent forcément ou volontairement les uns aux autres, c'est-à-dire des services publics et des services privés.

Les premiers, imposés et réglementés par la loi, qu'il n'est pas toujours aisé de changer quand il le faudrait, peuvent survivre longtemps, avec elle, à leur propre utilité, et conserver encore le nom de services publics, même quand ils ne sont plus des services du tout, même quand ils ne sont plus que de publiques vexations. Les seconds sont du domaine de la volonté, de la responsabilité individuelle. Chacun en rend et en reçoit ce qu'il veut, ce qu'il peut, après débat contradictoire. Ils ont toujours pour eux la présomption d'utilité réelle, exactement mesurée par leur valeur comparative.

C'est pourquoi ceux-là sont si souvent frappés d'immobilisme, tandis que ceux-ci obéissent à la loi du progrès.

Pendant que le développement exagéré des services publics, par la déperdition de forces qu'il entraîne, tend à constituer au sein de la société un funeste parasitisme, il est assez singulier que plusieurs sectes modernes, attribuant ce caractère aux services libres et privés, cherchent à transformer les professions en fonctions.

Ces sectes s'élèvent avec force contre ce qu'elles nomment les intermédiaires. Elles supprimeraient volontiers le capitaliste, le banquier, le spéculateur, l'entrepreneur, le marchand et le négociant, les accusant de s'interposer entre la production et la consommation pour les rançonner toutes deux, sans leur rendre aucune valeur. - Ou plutôt elles voudraient transférer à l'État l'œuvre qu'ils accomplissent, car cette œuvre ne saurait être supprimée.

Le sophisme des socialistes sur ce point consiste à montrer au public ce qu'il paye aux intermédiaires en échange de leurs services, et à lui cacher ce qu'il faudrait payer à l'État. C'est toujours la lutte entre ce qui frappe les yeux et ce qui ne se montre qu'à l'esprit, entre ce qu'on voit et ce qu'on ne voit pas.

Ce fut surtout en 1847 et à l'occasion de la disette que les écoles socialistes cherchèrent et réussirent à populariser leur funeste théorie.

Elles savaient bien que la plus absurde propagande a toujours quelques chances auprès des hommes qui souffrent ; *malesuada fames.*

Donc, à l'aide des grands mots : Exploitation de l'homme par l'homme, spéculation sur la faim, accaparement, elles se mirent à dénigrer le commerce et à jeter un voile sur ses bienfaits.

« Pourquoi, disaient-elles, laisser aux négociants le soin de faire venir des subsistances des États-Unis et de la Crimée ? Pourquoi l'État, les départements, les communes n'organisent-ils pas un service d'approvisionnement et des magasins de réserve ? Ils vendraient au prix de revient, et le peuple, le pauvre peuple serait affranchi du tribut qu'il paye au commerce libre, c'est-à-dire égoïste, individualiste et anarchique. »

Le tribut que le peuple paye au commerce, c'est ce qu'on voit. Le tribut que le peuple payerait à l'État ou à ses agents, dans le système socialiste, c'est ce qu'on ne voit pas. En quoi consiste ce prétendu tribut que le peuple paye au commerce ? En ceci : que deux hommes se rendent réciproquement service, en toute liberté, sous la pression de la concurrence et à prix débattu. Quand l'estomac qui a faim est à Paris et que le blé qui peut le satisfaire est à Odessa, la souffrance ne peut cesser que le blé ne se rapproche de l'estomac. Il y a trois moyens pour que ce rapprochement s'opère : 1° Les hommes affamés peuvent aller eux-mêmes chercher le blé ; 2° ils peuvent s'en remettre à ceux qui font ce métier ; 3° ils peuvent se cotiser et charger des fonctionnaires publics de l'opération.

De ces trois moyens, quel est le plus avantageux ?

En tout temps, en tout pays, et d'autant plus qu'ils sont plus libres, plus éclairés, plus expérimentés, les hommes ayant volontairement choisi le second, j'avoue que cela suffit pour mettre, à mes yeux, la présomption de ce côté. Mon esprit se refuse à admettre que l'humanité en masse se trompe sur un point qui la touche de si près [1].

Examinons cependant.

---

1 L'auteur a souvent invoqué la présomption de vérité qui s'attache au consentement universel manifesté par la pratique de tous les hommes. (Note de l'éditeur. 1854)

VI. Les Intermédiaires

Que trente-six millions de citoyens partent pour aller chercher à Odessa le blé dont ils ont besoin, cela est évidemment inexécutable. Le premier moyen ne vaut rien. Les consommateurs ne peuvent agir par eux-mêmes, force leur est d'avoir recours à des intermédiaires, fonctionnaires ou négociants.

Remarquons cependant que ce premier moyen serait le plus naturel. Au fond, c'est à celui qui a faim d'aller chercher son blé. C'est une peine qui le regarde ; c'est un service qu'il se doit à lui-même. Si un autre, à quelque titre que ce soit, lui rend ce service et prend cette peine pour lui, cet autre a droit à une compensation. Ce que je dis ici, c'est pour constater que les services des intermédiaires portent en eux le principe de la rémunération. Quoi qu'il en soit, puisqu'il faut recourir à ce que les socialistes nomment un parasite, quel est, du négociant ou du fonctionnaire, le parasite le moins exigeant ?

Le commerce (je le suppose libre, sans quoi comment pourrais-je raisonner ?) le commerce, dis-je, est porté, par intérêt, à étudier les saisons, à constater jour par jour l'état des récoltes, à recevoir des informations de tous les points du globe, à prévoir les besoins, à se précautionner d'avance. Il a des navires tout prêts, des correspondants partout, et son intérêt immédiat est d'acheter au meilleur marché possible, d'économiser sur tous les détails de l'opération, et d'atteindre les plus grands résultats avec les moindres efforts. Ce ne sont pas seulement les négociants français, mais les négociants du monde entier qui s'occupent de l'approvisionnement de la France pour le jour du besoin ; et si l'intérêt les porte invinciblement à remplir leur tâche aux moindres frais, la concurrence qu'ils se font entre eux les porte non moins invinciblement à faire profiter les consommateurs de toutes les économies réalisées. Le blé arrivé, le commerce a intérêt à le vendre au plus tôt pour éteindre ses risques, à réaliser ses fonds et recommencer s'il y a lieu. Dirigé par la comparaison des prix, il distribue les aliments sur toute la surface du pays, en commençant toujours par le point le plus cher, c'est-à-dire où le besoin se fait le plus sentir. Il n'est donc pas possible d'imaginer une organisation mieux calculée dans l'intérêt de ceux qui ont faim, et la beauté de cette organisation, inaperçue des socialistes, résulte précisément de ce qu'elle est libre. - À la vérité, le consommateur est obligé de rembourser au commerce ses frais de transports, de transbordements, de magasinage, de commission, etc.; mais dans quel système ne faut-il pas que celui qui mange le blé rembourse les frais qu'il faut faire pour qu'il soit à sa portée ? Il y a de plus à payer la rémunération du service rendu ; mais, quant à sa quotité, elle est réduite au minimum possible par la concurrence ; et, quant à sa justice, il serait étrange que les artisans de Paris ne travaillassent pas pour les négociants de Marseille, quand les négociants de Marseille travaillent pour les artisans de Paris.

Que, selon l'invention socialiste, l'État se substitue au commerce, qu'arrivera-t-il ? Je prie qu'on me signale où sera, pour le public, l'économie. Sera-t-elle dans le prix d'achat ? Mais qu'on se figure les délégués de quarante-mille communes arrivant à Odessa à un jour donné et au jour du besoin ; qu'on se figure l'effet sur les prix. Sera-t-elle dans les frais ? Mais faudra-t-il moins de navires, moins de marins, moins de transbordements, moins de magasinages, ou sera-t-on dispensé de payer toutes ces choses ? Sera-t-elle dans le profit des négociants ? Mais est-ce que vos délégués fonctionnaires iront pour rien à Odessa ? Est-ce qu'ils voyageront et travailleront sur le principe de la fraternité ? Ne faudra-t-il pas qu'ils vivent ? ne faudra-t-il pas que leur temps soit payé ? Et croyez-vous que cela ne dépassera pas mille fois les deux ou trois pour cent que gagne le négociant, taux auquel il est prêt à souscrire ?

Et puis, songez à la difficulté de lever tant d'impôts, de répartir tant d'aliments. Songez aux injustices, aux abus inséparables d'une telle entreprise. Songez à la responsabilité qui pèserait sur le gouvernement.

Les socialistes qui ont inventé ces folies, et qui, aux jours de malheur, les soufflent dans l'esprit des masses, se décernent libéralement le titre d'hommes avancés, et ce n'est pas sans quelque danger que l'usage, ce tyran des langues, ratifie le mot et le jugement qu'il implique. Avancés ! ceci suppose que ces messieurs ont la vue plus longue que le vulgaire ; que leur seul tort est d'être trop en avant du siècle ; et que si le temps n'est pas encore venu de supprimer certains services libres, prétendus parasites, la faute en est au public qui est en arrière du socialisme. En mon âme et conscience, c'est le contraire qui est vrai, et je ne sais à quel siècle barbare il faudrait remonter pour trouver, sur ce point, le niveau des connaissances socialistes.

Les sectaires modernes opposent sans cesse l'association à la société actuelle. Ils ne prennent pas garde que la société, sous un régime libre, est une association véritable, bien supérieure à toutes celles qui sortent

VI. Les Intermédiaires

de leur féconde imagination.

Élucidons ceci par un exemple :

Pour qu'un homme puisse, en se levant, revêtir un habit, il faut qu'une terre ait été close, défrichée, desséchée, labourée, ensemencée d'une certaine sorte de végétaux ; il faut que des troupeaux s'en soient nourris, qu'ils aient donné leur laine, que cette laine ait été filée, tissée, teinte et convertie en drap ; que ce drap ait été coupé, cousu, façonné en vêtement. Et cette série d'opérations en implique une foule d'autres ; car elle suppose l'emploi d'instruments aratoires, de bergeries, d'usines, de houille, de machines, de voitures, etc.

Si la société n'était pas une association très-réelle, celui qui veut un habit serait réduit à travailler dans l'isolement, c'est-à-dire à accomplir lui-même les actes innombrables de cette série, depuis le premier coup de pioche qui le commence jusqu'au dernier coup d'aiguille qui le termine.

Mais, grâce à la sociabilité qui est le caractère distinctif de notre espèce, ces opérations se sont distribuées entre une multitude de travailleurs, et elles subdivisent de plus en plus pour le bien commun, à mesure que, la consommation devenant plus active, un acte spécial peut alimenter une industrie nouvelle. Vient ensuite la répartition du produit, qui s'opère suivant le contingent de valeur que chacun a apporté à l'œuvre totale. Si ce n'est pas là de l'association, je demande ce que c'est.

Remarquez qu'aucun des travailleurs n'ayant tiré du néant la moindre particule de matière, ils se sont bornés à se rendre des services réciproques, à s'entraider dans un but commun, et que tous peuvent être considérés, les uns à l'égard des autres, comme des intermédiaires. Si, par exemple, dans le cours de l'opération, le transport devient important pour occuper une personne, le filage une seconde, le tissage une troisième, pourquoi la première serait-elle regardée comme plus parasite que les deux autres ? Ne faut-il pas que le transport se fasse ? Celui qui le fait n'y consacre-t-il pas du temps et de la peine ? n'en faut-il pas à ses associés ? Ceux-ci font-ils plus ou autre chose que lui ? Ne sont-ils pas tous également soumis à la rémunération, c'est-à-dire pour le partage du produit, à la loi du prix débattu ? N'est-ce pas, en toute liberté, pour le bien commun, que cette séparation de travaux s'opère et que ces arrangements sont pris ? Qu'avons-nous donc qu'un socialiste, sous prétexte d'organisation, vienne despotiquement détruire nos arrangements volontaires, arrêter la division du travail, substituer les efforts isolés aux efforts associés et faire reculer la civilisation ?

L'association, telle que je la décris ici, en est-elle moins association, parce que chacun y entre et sort librement, y choisit sa place, juge et stipule pour lui-même sous sa responsabilité, et y apporte le ressort et la garantie de l'intérêt personnel ? Pour qu'elle mérite ce nom, est-il nécessaire qu'un prétendu réformateur vienne nous imposer sa formule et sa volonté et concentrer, pour ainsi dire, l'humanité en lui-même ?

Plus on examine ces écoles avancées, plus on reste convaincu qu'il n'y a qu'une chose au fond : l'ignorance se proclamant infaillible et réclamant le despotisme au nom de cette infaillibilité.

Que le lecteur veuille bien excuser cette digression. Elle n'est peut-être pas inutile au moment où, échappées des livres saint-simoniens, phalanstériens et icariens, les déclamations contre les Intermédiaires envahissent le journalisme et la tribune, et menacent sérieusement la liberté du travail et des transactions.

VII. Restriction

M. Prohibant (ce n'est pas moi qui l'ai nommé, c'est M. Charles Dupin, qui depuis... mais alors...), M. Prohibant consacrait son temps et ses capitaux à convertir en fer le minerai de ses terres. Comme la nature avait été plus prodigue envers les Belges, ils donnaient le fer aux Français à meilleur marché que M. Prohibant, ce qui signifie que tous les Français, ou la France, pouvaient obtenir une quantité donnée de fer avec moins de travail, en l'achetant aux honnêtes Flamands. Aussi, guidés par leur intérêt, ils n'y faisaient faute, et tous les jours on voyait une multitude de cloutiers, forgerons, charrons, mécaniciens, maréchaux-ferrands et laboureurs, aller par eux-mêmes, ou par des intermédiaires, se pourvoir en Belgique. Cela déplut fort à M. Prohibant. D'abord l'idée lui vint d'arrêter cet abus par ses propres forces. C'était bien le moins, puisque lui seul en souffrait. Je prendrai ma carabine, se dit-il, je mettrai quatre pistolets à ma ceinture, je garnirai ma giberne, je ceindrai ma flamberge, et je me porterai, ainsi équipé à la frontière. Là, le premier forgeron, cloutier, maréchal, mécanicien ou serrurier qui se présente, pour faire ses affaires et non les miennes, je le tue, pour lui apprendre à vivre.

Au moment de partir, M. Prohibant fit quelques réflexions qui tempérèrent un peu son ardeur belliqueuse. Il se dit : il n'est pas absolument impossible que les acheteur de fer, mes compatriotes et ennemis, ne prennent mal la chose, et qu'au lieu de se laisser tuer, ils ne me tuent moi-même. Ensuite, même en faisant marcher tous mes domestiques, nous ne pourrons garder tous les passages. Enfin le procédé me coûtera fort cher, plus cher que ne vaut le résultat.

M. Prohibant allait tristement se résigner à n'être que libre comme tout le monde, quand un trait de lumière vint illuminer son cerveau. Il se rappela qu'il y a à Paris une grande fabrique de lois. Qu'est-ce qu'une loi ? se dit-il. C'est une mesure à laquelle, une fois décrétée, bonne ou mauvaise, chacun est tenu de se conformer. Pour l'exécution d'icelle, on organise une force publique, et, pour constituer ladite force publique, on puise dans la nation des hommes et de l'argent.

Si j'obtenais qu'il sortît de la grande fabrique parisienne une toute petite loi portant : « Le fer belge est prohibé, » j'atteindrais les résultats suivants : le gouvernement ferait remplacer les quelques valets que je voulais envoyer à la frontière par vingt mille fils de mes forgerons, serruriers, maréchaux, artisans, mécaniciens et laboureurs récalcitrants. Puis, pour tenir en bonne disposition de joie et de santé ces vingt mille douaniers, il leur distribuerait vingt-cinq millions de francs pris à ces mêmes forgerons, cloutiers, artisans et laboureurs. La garde en serait mieux faite ; elle ne me coûterait rien, je ne serais pas exposé à la brutalité des brocanteurs, je vendrais le fer à mon prix, et je jouirais de la douce récréation de voir notre grand peuple honteusement mystifié. Cela lui apprendrait à se proclamer sans cesse le précurseur et le promoteur de tout progrès en Europe. Oh ! le trait serait piquant et vaut la peine d'être tenté.

Donc, M. Prohibant se rendit à la fabrique de lois. - Une autre fois peut-être je raconterai l'histoire de ses sourdes menées ; aujourd'hui je ne veux parler que de ses démarches ostensibles. - Il fit valoir auprès de MM. les législateurs cette considération :

« Le fer belge se vend en France à dix francs, ce qui me force de vendre le mien au même prix. J'aimerais mieux le vendre à quinze et ne le puis, à cause de ce fer belge, que Dieu maudisse. Fabriquez une loi qui dise: - Le fer belge n'entrera plus en France. -Aussitôt j'élève mon prix de cinq francs, et voici les conséquences :

« Pour chaque quintal de fer que je livrerai au public, au lieu de recevoir dix francs, j'en toucherai quinze, je m'enrichirai plus vite, je donnerai plus d'étendue à mon exploitation, j'occuperai plus d'ouvriers. Mes ouvriers et moi ferons plus de dépense, au grand avantage de nos fournisseurs à plusieurs lieues à la ronde. Ceux-ci, ayant plus de débouchés, feront plus de commandes à l'industrie et, de proche en proche, l'activité gagnera tout le pays. Cette bienheureuse pièce de cent sous, que vous ferez tomber dans mon coffre-fort, comme une pierre qu'on jette dans un lac, fera rayonner au loin un nombre infini de cercles concentriques. »

Charmés de ce discours, enchantés d'apprendre qu'il est si aisé d'augmenter législativement la fortune d'un peuple, les fabricants de lois votèrent la Restriction. Que parle-t-on de travail et d'économie ? disaient-ils. À quoi bon ces pénibles moyens d'augmenter la richesse nationale, puisqu'un Décret y suffit ?

Et en effet, la loi eut toutes les conséquences annoncées par M.

VII. Restriction

Prohibant ; seulement elle en eut d'autres aussi, car, rendons-lui justice, il n'avait pas fait un raisonnement faux, mais un raisonnement incomplet. En réclamant un privilège, il avait signalé les effets qu'on voit, laissant dans l'ombre ceux qu'on ne voit pas. Il n'avait montré que deux personnages, quand il y en a trois en scène. C'est à nous de réparer cette oubli involontaire ou prémédité.

Oui, l'écu détourné ainsi législativement vers le coffre-fort de M. Prohibant, constitue un avantage pour lui et pour ceux dont il doit encourager le travail. - Et si le décret avait fait descendre cet écu de la lune, ces bons effets ne seraient contrebalancés par aucuns mauvais effets compensateurs. Malheureusement, ce n'est pas de la lune que sort la mystérieuse pièce de cent sous, mais bien de la poche d'un forgeron, cloutier, charron, maréchal, laboureur, constructeur, en un mot, de Jacques Bonhomme, qui la donne aujourd'hui, sans recevoir un milligramme de fer de plus que du temps où il le payait dix francs. Au premier coup d'œil, on doit bien s'apercevoir que ceci change bien la question, car, bien évidemment, le Profit de M. Prohibant est compensé par la Perte de Jacques Bonhomme, et tout ce que M. Prohibant pourra faire de cet écu pour l'encouragement du travail Jacques Bonhomme l'eût fait de même. La pierre n'est jetée sur un point du lac que parce qu'elle a été législativement empêchée d'être jetée sur un autre.

Donc, ce qu'on ne voit pas compense ce qu'on voit, et jusqu'ici il reste, pour résidu de l'opération, une injustice, et, chose déplorable ! une injustice perpétrée par la loi.

Ce n'est pas tout. J'ai dit qu'on laissait toujours dans l'ombre un troisième personnage. Il faut que je le fasse ici paraître afin qu'il nous révèle une seconde perte de cinq francs. Alors nous aurons le résultat de l'évolution tout entière.

Jacques Bonhomme est possesseur de 15 F, fruit de ses sueurs. Nous sommes encore au temps où il est libre. Que fait-il de ses 15 F ? Il achète un article de mode pour 10 F, et c'est avec cet article de mode qu'il paye (ou que l'Intermédiaire paye pour lui) le quintal de fer belge. Il reste encore à Jacques Bonhomme 5 F. Il ne les jette pas dans la rivière, mais (et c'est ce qu'on ne voit pas) il les donne à un industriel quelconque en échange d'une jouissance quelconque, par exemple à un libraire contre le discours sur l'Histoire universelle de Bossuet.

Frédéric Bastiat

Ainsi, en ce qui concerne le travail national, il est encouragé dans la mesure de 15 F, savoir :

10 F qui vont à l'article Paris ;

5 F qui vont à la librairie.

Et quant à Jacques Bonhomme, il obtient pour ses 15 F, deux objets de satisfaction, savoir :

1° Un quintal de fer ;

2° Un livre.

Survient le décret.

Que devient la condition de Jacques Bonhomme ? Que devient celle du travail national ?

Jacques Bonhomme livrant ses 15 F jusqu'au dernier centime à M. Prohibant, contre un quintal de fer, n'a plus que la jouissance de ce quintal de fer. Il perd la jouissance d'un livre ou de tout autre objet équivalent. Il perd 5 francs. On en convient ; on ne peut pas ne pas en convenir ; on ne peut pas ne pas convenir que, lorsque la restriction hausse le prix des choses, le consommateur perd la différence.

Mais, dit-on, le travail national la gagne.

Non, il ne la gagne pas ; car, depuis le décret, il n'est encouragé que comme il l'était avant, dans la mesure de 15 F.

Seulement, depuis le décret, les 15 F de Jacques Bonhomme vont à la métallurgie, tandis qu'avant le décret ils se partageaient entre l'article de mode et la librairie.

La violence qu'exerce par lui-même M. Prohibant à la frontière ou celle qu'il y fait exercer par la loi peuvent être jugées fort différemment, au point de vue moral. Il y a des gens qui pensent que la spoliation perd toute son immoralité pourvu qu'elle soit légale. Quant à moi, je ne saurais imaginer une circonstance plus aggravante. Quoi qu'il en soit, ce qui est certain, c'est que les résultats économiques sont les mêmes.

Tenez la chose comme vous voudrez, mais ayez l'œil sagace et vous verrez qu'il ne sort rien de bon de la spoliation légale et illégale. Nous ne nions pas qu'il n'en sorte pour M. Prohibant ou son industrie, ou si l'on veut pour le travail national, un profit de 5 F. Mais nous affirmons qu'il en sort aussi deux pertes, l'une pour Jacques Bonhomme qui paye

VII. Restriction

15 F ce qu'il avait pour 10 ; l'autre pour le travail national qui ne reçoit plus la différence. Choisissez celle de ces deux pertes avec laquelle il vous plaise de compenser le profit que nous avouons. L'autre n'en constituera pas moins une perte sèche.

Moralité : Violenter n'est pas produire, c'est détruire. Oh ! si violenter c'était produire, notre France serait plus riche qu'elle n'est.

VIII. Les Machines

« Malédiction sur les machines ! chaque année leur puissance progressive voue au Paupérisme des millions d'ouvriers en leur enlevant le travail, avec le travail le salaire, avec le salaire le Pain ! Malédiction sur les machines ! »

Voilà le cri qui s'élève du Préjugé vulgaire et dont l'écho retentit dans les journaux.

Mais maudire les machines, c'est maudire l'esprit humain !

Ce qui me confond, c'est qu'il puisse se rencontrer un homme qui se sente à l'aise dans une telle doctrine.

Car enfin, si elle est vraie, quelle en est la conséquence rigoureuse? C'est qu'il n'y a d'activité, de bien-être, de richesses, de bonheur possibles que pour les peuples stupides, frappés d'immobilisme mental, à qui Dieu n'a pas fait le don funeste de penser, d'observer, de combiner, d'inventer, d'obtenir de plus grands résultats avec de moindres moyens. Au contraire, les haillons, les huttes ignobles, la pauvreté, l'inanition sont l'inévitable partage de toute nation qui cherche et trouve dans le fer, le feu, le vent, l'électricité, le magnétisme, les lois de la chimie et de la mécanique, en un mot dans les forces de la nature, un supplément à ses propres forces, et c'est bien le cas de dire avec Rousseau : « Tout homme qui pense est un animal dépravé. »

Ce n'est pas tout : si cette doctrine est vraie, comme tous les hommes pensent et inventent, comme tous, en fait, depuis le premier jusqu'au dernier, et à chaque minute de leur existence, cherchent à faire coopérer les forces naturelles, à faire plus avec moins, à réduire ou leur main-d'œuvre ou celle qu'ils payent, à atteindre la plus grande somme possible de satisfactions avec la moindre somme possible de travail, il faut bien en conclure que l'humanité tout entière est entraînée vers sa décadence, précisément par cette aspiration intelligente vers le progrès qui tourmente chacun de ses membres.

Dès lors il doit être constaté, par la statistique, que les habitants du Lancastre, fuyant cette patrie des machines, vont chercher du travail en Irlande, où elles sont inconnues, et, par l'histoire, que la barbarie assombrit les époques de civilisation, et que la civilisation brille dans les temps d'ignorance et de barbarie.

Évidemment, il y a, dans cet amas de contradictions, quelque chose qui choque et nous avertit que le problème cache un élément de solution qui n'a pas été suffisamment dégagé.

Voici tout le mystère : derrière ce qu'on voit gît ce qu'on ne voit pas. Je vais essayer de le mettre en lumière. Ma démonstration ne pourra être qu'une répétition de la précédente, car il s'agit d'un problème identique.

C'est un penchant naturel aux hommes, d'aller, s'ils n'en sont empêchés par la violence, vers le bon marché, --- c'est-à-dire vers ce qui, à satisfaction égale, leur épargne du travail, --- que ce bon marché leur vienne d'un habile Producteur étranger ou d'un habile Producteur mécanique. L'objection théorique qu'on adresse à ce penchant est la même dans les deux cas. Dans l'un comme dans l'autre, on lui reproche le travail qu'en apparence il frappe d'inertie. Or, du travail rendu non inerte, mais disponible, c'est précisément ce qui le détermine.

Et c'est pourquoi on lui oppose aussi, dans les deux cas, le même obstacle pratique, la violence. Le législateur prohibe la concurrence étrangère et interdit la concurrence mécanique. - Car quel autre moyen peut-il exister d'arrêter un penchant naturel à tous les hommes que de leur ôter la liberté ?

Dans beaucoup de pays, il est vrai, le législateur ne frappe qu'une des deux concurrences et se borne à gémir sur l'autre. Cela ne prouve qu'une chose, c'est que, dans ce pays, le législateur est inconséquent.

Cela ne doit pas nous surprendre. Dans une fausse voie on est toujours inconséquent, sans quoi on tuerait l'humanité. Jamais on n'a vu ni on ne verra un principe faux poussé jusqu'au bout. J'ai dit ailleurs : l'inconséquence est la limite de l'absurdité. J'aurais pu ajouter : elle en est en même temps la preuve.

Venons à notre démonstration ; elle ne sera pas longue.

Jacques Bonhomme avait deux francs qu'il faisait gagner à deux ouvriers.

Mais voici qu'il imagine un arrangement de cordes et de poids qui abrège le travail de moitié.

Donc il obtient la même satisfaction, épargne un franc et congédie un ouvrier.

Il congédie un ouvrier ; c'est ce qu'on voit.

Et, ne voyant que cela, on dit : « Voilà comment la misère suit la civilisation, voilà comment la liberté est fatale à l'égalité. L'esprit humain a fait une conquête, et aussitôt un ouvrier est à jamais tombé dans le gouffre du paupérisme. Il se peut cependant que Jacques Bonhomme continue à faire travailler les deux ouvriers, mais il ne leur donnera plus que dix sous à chacun, car ils se feront concurrence entre eux et s'offriront au rabais. C'est ainsi que les riches deviennent toujours plus riches et les pauvres toujours plus pauvres. Il faut refaire la société. »

Belle conclusion, et digne de l'exorde !

Heureusement, exorde et conclusion, tout cela est faux, parce que, derrière la moitié du phénomène qu'on voit, il y a l'autre moitié qu'on ne voit pas.

On ne voit pas le franc épargné par Jacques Bonhomme et les effets nécessaires de cette épargne.

Puisque, par suite de son invention, Jacques Bonhomme ne dépense plus qu'un franc en main-d'œuvre, à la poursuite d'une satisfaction déterminée, il lui reste un autre franc.

Si donc il y a dans le monde un ouvrier qui offre ses bras inoccupés, il y a aussi dans le monde un capitaliste qui offre son franc inoccupé. Ces deux éléments se rencontrent et se combinent.

Et il est clair comme le jour qu'entre l'offre et la demande du travail, entre l'offre et la demande du salaire, le rapport n'est nullement changé.

L'invention et un ouvrier, payé avec le premier franc, font maintenant l'œuvre qu'accomplissaient auparavant deux ouvriers.

Le second ouvrier, payé avec le second franc, réalise une œuvre nouvelle.

Qu'y a-t-il donc de changé dans le monde ? Il y a une satisfaction nationale de plus, en d'autres termes, l'invention est une conquête gratuite, un profit gratuit pour l'humanité.

De la forme que j'ai donnée à ma démonstration, on pourra tirer cette conséquence :

« C'est le capitaliste qui recueille tout le fruit des machines. La classe

VIII. Les Machines

salariée, si elle n'en souffre que momentanément, n'en profite jamais, puisque, d'après vous-même, elles déplacent une portion du travail national sans le diminuer, il est vrai, mais aussi sans l'augmenter. »

Il n'entre pas dans le plan de cet opuscule de résoudre toutes les objections. Son seul but est de combattre un préjugé vulgaire, très-dangereux et très-répandu. Je voulais prouver qu'une machine nouvelle ne met en disponibilité un certain nombre de bras qu'en mettant aussi, et forcément, en disponibilité la rémunération qui les salarie. Ces bras et cette rémunération se combinent pour produire ce qu'il était impossible de produire avant l'invention ; d'où il suit qu'elle donne pour résultat définitif un accroissement de satisfaction à travail égal.

Qui recueille cet excédant de satisfactions ?

Qui ? c'est d'abord le capitaliste, l'inventeur, le premier qui se sert avec succès de la machine, et c'est là la récompense de son génie et de son audace. Dans ce cas, ainsi que nous venons de le voir, il réalise sur les frais de production une économie, laquelle, de quelque manière qu'elle soit dépensée (et elle l'est toujours), occupe juste autant de bras que la machine en a fait renvoyer.

Mais bientôt la concurrence le force à baisser son prix de vente dans la mesure de cette économie elle-même. Et alors ce n'est plus l'inventeur qui recueille le bénéfice de l'invention ; c'est l'acheteur du produit, le consommateur, le public, y compris les ouvriers, en un mot, c'est l'humanité.

Et ce qu'on ne voit pas, c'est que l'Épargne, ainsi procurée à tous les consommateurs, forme un fonds où le salaire puise un aliment, qui remplace celui que la machine a tari.

Ainsi, en reprenant l'exemple ci-dessus, Jacques Bonhomme obtient un produit en dépensant deux francs en salaire. Grâce à son invention, la main-d'œuvre ne lui coûte plus qu'un franc.

Tant qu'il vend le produit au même prix, il y a un ouvrier de moins occupé à faire ce produit spécial, c'est ce qu'on voit ; mais il y a un ouvrier de plus occupé par le franc que Jacques Bonhomme a épargné : c'est ce qu'on ne voit pas.

Lorsque, par la marche naturelle des choses, Jacques Bonhomme est réduit à baisser d'un franc le prix du produit, alors il ne réalise plus une épargne ; alors il ne dispose plus d'un franc pour commander au travail national une production nouvelle. Mais, à cet égard, son acquéreur est mis à sa place, et cet acquéreur, c'est l'humanité. Quiconque achète le produit le paye un franc de moins, épargne un franc, et tient nécessairement cette épargne au service du fonds des salaires : c'est encore ce qu'on ne voit pas.

On a donné, de ce problème des machines, une autre solution, fondée sur les faits.

On a dit : La machine réduit les frais de production, et fait baisser le prix du produit. La baisse du produit provoque un accroissement de consommation, laquelle nécessite un accroissement de production, et, en définitive, l'intervention d'autant d'ouvriers ou plus, après l'invention, qu'il en fallait avant.On cite, à l'appui, l'imprimerie, la filature, la presse, etc.

Cette démonstration n'est pas scientifique.

Il faudrait en conclure que, si la consommation du produit spécial dont il s'agit reste stationnaire ou à peu près, la machine nuirait au travail. - Ce qui n'est pas.

Supposons que dans un pays tous les hommes portent des chapeaux. Si, par une machine, on parvient à en réduire le prix de moitié, il ne s'ensuit pas nécessairement qu'on en consommera le double.

Dira-t-on, dans ce cas, qu'une portion du travail national a été frappée d'inertie ? Oui, d'après la démonstration vulgaire. Non, selon la mienne ; car, alors que dans ce pays on n'achèterait pas un seul chapeau de plus, le fonds entier des salaires n'en demeurerait pas moins sauf ; ce qui irait de moins à l'industrie chapelière se retrouverait dans l'Économie réalisée par tous les consommateurs, et irait de là salarier tout le travail que la machine a rendu inutile, et provoquer un développement nouveau de toutes les industries.

Et c'est ainsi que les choses se passent. J'ai vu les journaux à 80 F, ils sont maintenant à 48. C'est une économie de 32 F pour les abonnés. Il n'est pas certain ; il n'est pas, du moins, nécessaire que les 32 F continuent à prendre la direction de l'industrie du journaliste ; mais ce qui est certain, ce qui est nécessaire, c'est que, s'ils ne prennent cette direction, ils en prennent une autre. L'un s'en sert pour recevoir plus de journaux, l'autre pour se mieux nourrir, un troisième pour se mieux vêtir, un quatrième pour se mieux meubler.

Ainsi les industries sont solidaires. Elles forment un vaste ensemble dont toutes les parties communiquent par des canaux secrets. Ce qui est économisé sur l'une profite à toutes. Ce qui importe, c'est de bien comprendre que jamais, au grand jamais, les économies n'ont lieu aux dépens du travail et des salaires.

Frédéric Bastiat

IX. Crédit

De tous les temps, mais surtout dans les dernières années, on a songé à universaliser la richesse en universalisant le crédit.

Je ne crois pas exagérer en disant que, depuis la révolution de Février, les presses parisiennes ont vomi plus de dix mille brochures préconisant cette solution du Problème social.

Cette solution, hélas ! a pour base une pure illusion d'optique, si tant est qu'une illusion soit une base.

On commence par confondre le numéraire avec les produits, puis on confond le papier-monnaie avec le numéraire, et c'est de ces deux confusions qu'on prétend dégager une réalité.

Il faut absolument, dans cette question, oublier l'argent, la monnaie, les billets et les autres instruments au moyen desquels les produits passent de main en main, pour ne voir que les produits eux-mêmes, qui sont la véritable matière du prêt.

Car quand un laboureur emprunte cinquante francs pour acheter une charrue, ce n'est pas en réalité cinquante francs qu'on lui prête, c'est la charrue.

Et quand un marchand emprunte vingt mille francs pour acheter une maison, ce n'est pas vingt mille francs qu'il doit, c'est la maison.

L'argent n'apparaît là que pour faciliter l'arrangement entre plusieurs parties.

Pierre peut n'être pas disposé à prêter sa charrue, et Jacques peut l'être à prêter son argent. Que fait alors Guillaume ? Il emprunte l'argent de Jacques et, avec cet argent, il achète la charrue de Pierre.

Mais, en fait, nul n'emprunte de l'argent pour l'argent lui-même. On emprunte l'argent pour arriver aux produits.

Or, dans aucun pays, il ne peut se transmettre d'une main à l'autre plus de produits qu'il n'y en a.

Quelle que soit la somme de numéraire et de papier qui circule, l'ensemble des emprunteurs ne peut recevoir plus de charrues, de maisons, d'outils, d'approvisionnements, de matières premières, que l'ensemble des prêteurs n'en peut fournir.

Car mettons-nous bien dans la tête que tout emprunteur suppose un prêteur, et que tout emprunt implique un prêt. Cela posé, quel bien peuvent faire les institutions de crédit ? c'est de faciliter, entre les emprunteurs et les prêteurs, le moyen de se trouver et de s'entendre. Mais, ce qu'elles ne peuvent faire, c'est d'augmenter instantanément la masse des objets empruntés et prêtés.

Il le faudrait cependant pour que le but des Réformateurs fût atteint, puisqu'ils n'aspirent à rien moins qu'à mettre des charrues, des maisons, des outils, des approvisionnements, des matières premières entre les mains de tous ceux qui en désirent.

Et pour cela qu'imaginent-ils ?

Donner au prêt la garantie de l'État.

Approfondissons la matière, car il y a là quelque chose qu'on voit et quelque chose qu'on ne voit pas. Tâchons de voir les deux choses.

Supposons qu'il n'y ait qu'une charrue dans le monde et que deux laboureurs y prétendent.

Pierre est possesseur de la seule charrue qui soit disponible en France. Jean et Jacques désirent l'emprunter. Jean, par sa probité, par ses propriétés, par sa bonne renommée offre des garanties. On croit en lui ; il a du crédit. Jacques n'inspire pas de confiance ou en inspire moins. Naturellement arrive que Pierre prête sa charrue à Jean.

Mais voici que, sous l'inspiration socialiste, l'État intervient et dit à Pierre : Prêtez votre charrue à Jacques, je vous garantis le remboursement, et cette garantie vaut mieux que celle de Jean, car il n'a que lui pour répondre de lui-même, et moi, je n'ai rien, il est vrai, mais je dispose de la fortune de tous les contribuables ; c'est avec leurs deniers qu'au besoin je vous payerai le principal et l'intérêt.

En conséquence, Pierre prête sa charrue à Jacques : c'est ce qu'on voit.

Et les socialistes se frottent les mains, disant : Voyez comme notre plan a réussi. Grâce à l'intervention de l'État, le pauvre Jacques a une charrue. Il ne sera plus obligé à bêcher la terre ; le voilà sur la route de la fortune. C'est un bien pour lui et un profit pour la nation prise en masse.

Eh non ! messieurs, ce n'est pas un profit pour la nation, car voici ce qu'on ne voit pas.

Frédéric Bastiat

On ne voit pas que la charrue n'a été à Jacques que parce qu'elle n'a pas été à Jean.

On ne voit pas que, si Jacques laboure au lieu de bêcher, Jean sera réduit à bêcher au lieu de labourer.

Que, par conséquent, ce qu'on considérait comme un accroissement de prêt n'est qu'un déplacement de prêt.

En outre, on ne voit pas que ce déplacement implique deux profondes injustices.

Injustice envers Jean qui, après avoir mérité et conquis le crédit par sa probité et son activité s'en voit dépouillé.

Injustice envers les contribuables, exposés à payer une dette qui ne les regarde pas.

Dira-t-on que le gouvernement offre à Jean les mêmes facilités qu'à Jacques ? Mais puisqu'il n'y a qu'une charrue disponible, deux ne peuvent être prêtées. L'argument revient toujours à ce que, grâce à l'intervention de l'État, il se fera plus d'emprunts qu'il ne peut se faire de prêts, car la charrue représente ici la masse des capitaux disponibles.

J'ai réduit, il est vrai, l'opération à son expression la plus simple ; mais, éprouvez à la même pierre de touche les institutions gouvernementales de crédit les plus compliquées, vous vous convaincrez qu'elles ne peuvent avoir que ce résultat : déplacer le crédit, non l'accroître. Dans un pays et dans un temps donné, il n'y a qu'une certaine somme de capitaux en disponibilité et tous se placent. En garantissant des insolvables, l'État peut bien augmenter le nombre des emprunteurs, faire hausser ainsi le taux de l'intérêt (toujours au préjudice du contribuable), mais, ce qu'il ne peut faire, c'est augmenter le nombre des prêteurs et l'importance du total des prêts.

Qu'on ne m'impute point, cependant, une conclusion dont Dieu me préserve. Je dis que la Loi ne doit point favoriser artificiellement les emprunts ; mais je ne dis pas qu'elle doive artificiellement les entraver. S'il se trouve, dans notre régime hypothécaire ou ailleurs, des obstacles à la diffusion et à l'application du crédit, qu'on les fasse disparaître ; rien de mieux, rien de plus juste. Mais c'est là, avec la liberté, tout ce que doivent demander à la Loi des Réformateurs dignes de ce nom.

IX. Crédit

X. L'Algérie

Mais voici quatre orateurs qui se disputent la tribune. Ils parlent d'abord tous à la fois, puis l'un après l'autre. Qu'ont-ils dit ? de fort belles choses assurément sur la puissance et la grandeur de la France, sur la nécessité de semer pour récolter, sur le brillant avenir de notre gigantesque colonie, sur l'avantage de déverser au loin le trop-plein de notre population etc., etc. ; magnifiques pièces d'éloquence, toujours ornées de cette péroraison :

« Votez cinquante millions (plus ou moins) pour faire en Algérie des ports et des routes, pour y transporter des colons, leur bâtir des maisons, leur défricher des champs. Par là vous aurez soulagé le travailleur français, encouragé le travail africain, et fait fructifier le commerce marseillais.C'est tout profit. »

Oui, cela est vrai, si l'on ne considère lesdits cinquante millions qu'à partir du moment où l'État les dépense, si l'on regarde où ils vont, non d'où ils viennent ; si l'on tient compte seulement du bien qu'ils feront en sortant du coffre des percepteurs et non du mal qu'on a produit, non plus que du bien qu'on a empêché, en les y faisant entrer ; oui, à ce point de vue borné, tout est profit. La maison bâtie en Barbarie, c'est ce qu'on voit ; le port creusé en Barbarie, c'est ce qu'on voit ; le travail provoqué en Barbarie, c'est ce qu'on voit ; quelques bras de moins en France, c'est ce qu'on voit ; un grand mouvement de marchandises à Marseille, c'est toujours ce qu'on voit.

Mais il y a autre chose qu'on ne voit pas. C'est que les cinquante millions dépensés par l'État ne peuvent plus l'être, comme ils l'auraient été, par le contribuable. De tout le bien attribué à la dépense publique exécutée, il faut donc déduire tout le mal de la dépense privée empêchée ; - à moins qu'on n'aille jusqu'à dire que Jacques Bonhomme n'aurait rien fait des pièces de cent sous qu'il avait bien gagnée et que l'impôt lui ravit ; assertion absurde, car s'il s'est donné la peine de les gagner, c'est qu'il espérait avoir la satisfaction de s'en servir. Il aurait fait relever la clôture de son jardin et ne le peut plus, c'est ce qu'on ne voit pas. Il aurait fait marner son champ et ne le peut plus, c'est ce qu'on ne voit pas. Il aurait ajouté un étage à sa chaumière et ne le peut plus c'est ce qu'on ne voit pas. Il aurait augmenté son outillage et ne le peut plus, c'est ce qu'on ne voit pas. Il serait mieux nourri, mieux vêtu, il aurait mieux fait instruire ses fils, il aurait arrondi la dot de sa fille et ne le peut plus, c'est ce qu'on ne voit pas. Il se serait mis dans l'association des secours mutuels et ne le peut plus, c'est ce qu'on ne voit pas. D'une part, les jouissances qui lui sont ôtées, et les moyens d'action qu'on a détruits dans ses mains, de l'autre ; le travail du terrassier, du charpentier, du forgeron, du tailleur, du maître d'école de son village, qu'il eût encouragé et qui se trouve anéanti, c'est toujours ce qu'on ne voit pas.

On compte beaucoup sur la prospérité future de l'Algérie ; soit. Mais qu'on compte aussi pour quelque chose le marasme dont, en attendant, on frappe inévitablement la France. On me montre le commerce marseillais ; mais s'il se fait avec le produit de l'impôt, je montrerai toujours un commerce égal anéanti dans le reste du pays. On dit : « Voilà un colon transporté en Barbarie ; c'est un soulagement pour la population qui reste dans le pays. » Je réponds : Comment cela se peut-il, si en transportant ce colon à Alger, on y a transporté aussi deux ou trois fois le capital qui l'aurait fait vivre en France ?

Le seul but que j'ai en vue, c'est de faire comprendre au lecteur que, dans toute dépense publique, derrière le bien apparent, il y a un mal plus difficile à discerner. Autant qu'il est en moi, je voudrais lui faire prendre l'habitude de voir l'un et l'autre et de tenir compte de tous deux.

Quand une dépense publique est proposée, il faut l'examiner en elle-même, abstraction faite du prétendu encouragement qui en résulte pour le travail, car cet encouragement est une chimère. Ce que fait à cet égard la dépense publique, la dépense privée l'eût fait de même. Donc l'intérêt du travail est toujours hors de cause.

Il n'entre pas dans l'objet de cet écrit d'apprécier le mérite intrinsèque des dépenses publiques appliquées à l'Algérie.

Mais je ne puis retenir une observation générale. C'est que la présomption est toujours défavorable aux dépenses collectives par voie d'impôt. Pourquoi ? La voici :

D'abord la justice en souffre toujours quelque peu. Puisque Jacques Bonhomme avait sué pour gagner sa pièce de cent sous, en vue d'une satisfaction, il est au moins fâcheux que le fisc intervienne pour enlever à Jacques Bonhomme cette satisfaction et la conférer à un autre. Certes, c'est alors au fisc ou à ceux qui le font agir à donner de bonnes raisons. Nous avons vu que l'État en donne une détestable quand il dit : avec ces cent sous, je ferai travailler des ouvriers, car Jacques Bonhomme (sitôt qu'il n'aura plus la cataracte) ne manquera pas de répondre : « Morbleu! avec ces cent sous, je les ferai bien travailler moi-même. »

Cette raison mise de côté, les autres se présentent dans toute leur nudité, et le débat entre le fisc et le pauvre Jacques s'en trouve fort simplifié. Que l'État lui dise : Je te prends cent sous pour payer le gendarme qui te dispense de veiller à ta propre sûreté ; - pour paver la rue que tu traverses tous les jours ; - pour indemniser le magistrat qui fait respecter ta propriété et la liberté ; - pour nourrir le soldat qui défend nos frontières, Jacques Bonhomme paiera sans mot dire ou je me trompe fort. Mais si l'État lui dit : Je te prends ces cent sous pour te donner un sou de prime, dans le cas où tu auras bien cultivé ton champ ; - ou pour faire apprendre à ton fils ce que tu ne veux pas qu'il apprenne ; - ou pour que M. le ministre ajoute un cent unième plat à son dîner ; - je te les prends pour bâtir une chaumière en Algérie, sauf à te prendre cent sous de plus tous les ans pour y entretenir un colon ; et autres cent sous pour entretenir un général qui garde le soldat, etc., etc., il me semble entendre le pauvre Jacques s'écrier : « Ce régime légal ressemble fort au régime de la forêt de Bondy ! » Et comme l'État prévoit l'objection, que fait-il ? Il brouille toutes choses ; il fait apparaître justement cette raison détestable qui devrait être sans influence sur la question ; il parle de l'effet des cent sous sur le travail ; il montre le cuisinier et le fournisseur du ministre ; il montre un colon, un soldat, un général, vivant sur les cinq francs ; il montre enfin ce qu'on voit, et tant que Jacques Bonhomme n'aura pas appris à mettre en regard ce qu'on ne voit pas, Jacques Bonhomme sera dupe. C'est pourquoi je m'efforce de le lui enseigner à grands coups de répétitions.

De ce que les dépenses publiques déplacent le travail sans l'accroître, il en résulte contre elles une seconde et grave présomption. Déplacer le travail, c'est déplacer les travailleurs, c'est troubler les lois naturelles qui président à la distribution de la population sur le territoire. Quand 50 millions sont laissés au contribuable, comme le contribuable est partout, ils alimentent du travail dans les quarante mille communes de France ; ils agissent dans le sens d'un lien qui retient chacun sur sa terre natale ; ils se répartissent sur tous les travailleurs possibles et sur toutes les industries imaginables. Que si l'État, soutirant ces 50 millions aux citoyens, les accumule et les dépense sur un point donné, il attire sur ce point une quantité proportionnelle de travail déplacé, un nombre correspondant de travailleurs dépaysés, population flottante, déclassée, et j'ose dire dangereuse quand le fonds est épuisé ! - Mais il arrive ceci (et je rentre par là dans mon sujet) : cette activité fiévreuse, et pour ainsi dire soufflée sur un étroit espace, frappe tous les regards, c'est ce qu'on voit ; le peuple applaudit, s'émerveille sur la beauté et la facilité du procédé, en réclame le renouvellement et l'extension. Ce qu'il ne voit pas, c'est qu'une quantité égale de travail, probablement plus judicieux, a été frappée d'inertie dans tout le reste de la France.

X. L'Algérie

XI. Épargne et Luxe

Ce n'est pas seulement en matière de dépenses publiques que ce qu'on voit éclipse ce qu'on ne voit pas. En laissant dans l'ombre la moitié de l'économie politique, ce phénomène induit à une fausse morale. Il porte les nations à considérer comme antagoniques leurs intérêts moraux et leurs intérêts matériels. Quoi de plus décourageant et de plus triste ! Voyez :

Il n'y a pas de père de famille qui ne se fasse un devoir d'enseigner à ses enfants l'ordre, l'arrangement, l'esprit de conservation, l'économie, la modération dans les dépenses. Il n'y a pas de religion qui ne tonne contre le faste et le luxe. C'est fort bien ; mais, d'un autre côté, quoi de plus populaire que ces sentences :

« Thésauriser, c'est dessécher les veines du peuple. »

« Le luxe des grands fait l'aisance des petits. »

« Les prodigues se ruinent, mais ils enrichissent l'État. »

« C'est sur le superflu du riche que germe le pain du pauvre. »

Voilà, certes, entre l'idée morale et l'idée sociale, une flagrante contradiction. Que d'esprits éminents, après avoir constaté le conflit, reposent en paix ! C'est ce que je n'ai jamais pu comprendre ; car il me semble qu'on ne peut rien éprouver de plus douloureux que d'apercevoir deux tendances opposées dans l'humanité. Quoi ! elle arrive à la dégradation par l'une comme par l'autre extrémité ! économe, elle tombe dans la misère ; prodigue, elle s'abîme dans la déchéance morale !

Heureusement que les maximes vulgaires montrent sous un faux jour l'Épargne et le Luxe, ne tenant compte que de ses conséquences immédiates qu'on voit, et non des effets ultérieurs qu'on ne voit pas. Essayons de rectifier cette vue incomplète.

Mondor et son frère Ariste, ayant partagé l'héritage paternel, ont chacun cinquante mille francs de rente. Mondor pratique la philanthropie à la mode. C'est ce qu'on nomme un bourreau d'argent. Il renouvelle son mobilier plusieurs fois par an, change ses équipages tous les mois ; on cite les ingénieux procédés auxquels il a recours pour en avoir plus tôt fini : bref, il fait pâlir les viveurs de Balzac et d'Alexandre Dumas.

Aussi, il faut entendre le concert d'éloges qui toujours l'environne ! « Parlez-nous de Mondor ! vive Mondor ! C'est le bienfaiteur de l'ouvrier ; c'est la providence du peuple. À la vérité, il se vautre dans l'orgie, il éclabousse les passants ; sa dignité et la dignité humaine en souffrent quelque peu... Mais, bah, s'il ne se rend pas utile par lui-même, il se rend utile par sa fortune. Il fait circuler l'argent ; sa cour ne désemplit pas de fournisseurs qui se retirent toujours satisfaits. Ne dit-on pas que si l'or est rond, c'est pour qu'il roule ! »

Ariste a adopté un plan de vie bien différent. S'il n'est pas un égoïste, il est au moins un individualiste, car il raisonne ses dépenses, ne recherche que des jouissances modérées et raisonnables, songe à l'avenir de ses enfants, et, pour lâcher le mot, il économise.

Et il faut entendre ce que dit de lui le vulgaire !

« À quoi est bon ce mauvais riche, ce fesse-mathieu ? Sans doute, il y a quelque chose d'imposant et de touchant dans la simplicité de sa vie ; il est d'ailleurs humain, bienfaisant, généreux, mais il calcule. Il ne mange pas tous ses revenus. Son hôtel n'est pas sans cesse resplendissant et tourbillonnant. Quelle reconnaissance s'acquiert-il parmi les tapissiers, les carrossiers, les maquignons et les confiseurs ? »

Ces jugements, funestes à la morale, sont fondés sur ce qu'il y a une chose qui frappe les yeux : la dépense du prodigue ; et une autre qui s'y dérobe : la dépense égale et même supérieure de l'économe.

Mais les choses ont été si admirablement arrangées par le divin inventeur de l'ordre social, qu'en ceci, comme en tout, l'Économie politique et la Morale, loin de se heurter, concordent, et que la sagesse d'Ariste est, non-seulement plus digne, mais encore plus profitable que la folie de Mondor.

Et quand je dis plus profitable, je n'entends pas dire seulement profitable à Ariste, ou même à la société en général, mais plus profitable aux ouvriers actuels, à l'industrie du jour.

Pour le prouver, il suffit de mettre sous l'œil de l'esprit ces conséquences cachées des actions humaines que l'œil du corps ne voit pas.

Oui, la prodigalité de Mondor a des effets visibles à tous les regards : chacun peut voir ses berlines, ses landaus, ses phaétons, les mignardes peintures de ses plafonds, ses riches tapis, l'éclat qui jaillit de son hôtel.

XI. Épargne et Luxe

Chacun sait que ses purs-sangs courent sur le turf. Les dîners qu'il donne à l'hôtel de Paris arrêtent la foule sur le boulevard, et l'on se dit : Voilà un brave homme, qui, loin de rien réserver de ses revenus, ébrèche probablement son capital. - C'est ce qu'on voit.

Il n'est pas aussi aisé de voir, au point de vue de l'intérêt des travailleurs ce que deviennent les revenus d'Ariste. Suivons à la trace, cependant, et nous nous assurerons que tous, jusqu'à la dernière obole, vont faire travailler des ouvriers, aussi certainement que les revenus de Mondor. Il n'y a que cette différence : La folle dépense de Mondor est condamnée à décroître sans cesse et à rencontrer un terme nécessaire ; la sage dépense d'Ariste ira grossissant d'année en année.

Et s'il en est ainsi, certes, l'intérêt public se trouve d'accord avec la morale.

Ariste dépense, pour lui et sa maison, vingt mille francs par an. Si cela ne suffisait pas à son bonheur, il ne mériterait pas le nom de sage. - Il est touché des maux qui pèsent sur les classes pauvres ; il se croit, en conscience, tenu d'y apporter quelque soulagement et consacre dix mille francs à des actes de bienfaisance. - Parmi les négociants, les fabricants, les agriculteurs, il a des amis momentanément gênés. Il s'informe de leur situation, afin de leur venir en aide avec prudence et efficacité, et destine à cette œuvre encore dix mille francs. - Enfin, il n'oublie pas qu'il a des filles à doter, des fils auxquels il doit assurer un avenir, et, en conséquence, il s'impose d'épargner et placer tous les ans dix mille francs.

Voici donc l'emploi de ses revenus.

1°Dépenses personnelles20 000 F

2°Bienfaisance10 000

3°Services d'amitié10 000

4°Épargne10 000

Reprenons chacun de ces chapitres, et nous verrons qu'une seule obole n'échappe pas au travail national.

1° Dépense personnelle. Celle-ci, quant aux ouvriers et fournisseurs, a des effets absolument identiques à une dépense égale faite par Mondor. Cela est évident de soi ; n'en parlons plus.

Frédéric Bastiat

2° Bienfaisance. Les dix mille francs consacrés à cette destination vont également alimenter l'industrie ; ils parviennent au boulanger, au boucher, au marchand d'habits et de meubles. Seulement le pain, la viande, les vêtements ne servent pas directement à Ariste, mais à ceux qu'il s'est substitués. Or, cette simple substitution d'un consommateur à un autre n'affecte en rien l'industrie générale. Qu'Ariste dépense cent sous ou qu'il prie un malheureux de les dépenser à sa place, c'est tout un.

3° Services d'amitié. L'ami à qui Ariste prête ou donne dix mille francs ne les reçoit pas pour les enfouir ; cela répugne à l'hypothèse. Il s'en sert pour payer des marchandises ou des dettes. Dans le premier cas, l'industrie est encouragée. Osera-t-on dire qu'elle ait plus à gagner à l'achat par Mondor d'un pur-sang de dix mille francs qu'à l'achat par Ariste ou son ami de dix mille francs d'étoffes ? Que si cette somme sert à payer une dette, tout ce qui en résulte, c'est qu'il apparaît un troisième personnage, le créancier, qui touchera les dix mille francs, mais qui certes les emploiera à quelque chose dans son commerce, son usine, ou son exploitation. C'est un intermédiaire de plus entre Ariste et les ouvriers. Les noms propres changent, la dépense reste et l'encouragement à l'industrie aussi.

4° Épargne. Restent les dix mille francs épargnés ; - et c'est ici qu'au point de vue de l'encouragement aux arts, à l'industrie, au travail, aux ouvriers, Mondor paraît très-supérieur à Ariste, encore que, sous le rapport moral, Ariste se montre quelque peu supérieur à Mondor.

Ce n'est jamais sans un malaise physique, qui va jusqu'à la souffrance, que je vois l'apparence de telles contradictions entre les grandes lois de la nature. Si l'humanité était réduite à opter entre deux partis, dont l'un blesse ses intérêts et l'autre sa conscience, il ne nous resterait qu'à désespérer de son avenir. Heureusement il n'en est pas ainsi. - Et, pour voir Ariste reprendre sa supériorité économique, aussi bien que sa supériorité morale, il suffit de comprendre ce consolant axiome, qui n'en est pas moins vrai, pour avoir une physionomie paradoxale : Épargner, c'est dépenser.

Quel est le but d'Ariste, en économisant dix mille francs ? Est-ce d'enfouir deux mille pièces de cent sous dans une cachette de son jardin ? Non certes, il entend grossir son capital et son revenu. En conséquence, cet argent qu'il n'emploie pas à acheter des terres, une maison, des rentes sur l'État, des actions industrielles, ou bien il le place chez un négociant ou un banquier. Suivez les écus dans toutes ces hypothèses, et vous vous convaincrez que, par l'intermédiaire des vendeurs ou emprunteurs, ils vont alimenter du travail tout aussi sûrement que si Ariste, à l'exemple de son frère, les eût échangé contre des meubles, des bijoux et des chevaux.

Car, lorsque Ariste achète pour 10 000 F de terres ou de rente, il est déterminé par la considération qu'il n'a pas besoin de dépenser cette somme, puisque c'est ce dont vous lui faites un grief.

Mais, de même, celui qui lui vend la terre ou la rente est déterminé par cette considération qu'il a besoin de dépenser les dix mille francs d'une manière quelconque.

De telle sorte que la dépense se fait, dans tous les cas, ou par Ariste ou par ceux qui se substituent à lui.

Au point de vue de la classe ouvrière, de l'encouragement au travail, il n'y a donc, entre la conduite d'Ariste et celle de Mondor, qu'une différence ; la dépense de Mondor étant directement accomplie par lui, et autour de lui, on la voit ; Celle d'Ariste s'exécutant en partie par des intermédiaires et au loin, on ne la voit pas. Mais, au fait, et pour qui sait rattacher les effets aux causes, celle qu'on ne voit pas est aussi certaine que celle qu'on voit. Ce qui le prouve, c'est que dans les deux cas les écus circulent, et qu'il n'en reste pas plus dans le coffre-fort du sage que dans celui du dissipateur.

Il est donc faux de dire que l'Épargne fait un tort actuel à l'industrie. Sous ce rapport, elle est tout aussi bienfaisante que le Luxe.

Mais combien ne lui est-elle pas supérieure, si la pensée, au lieu de se renfermer dans l'heure qui fuit, embrasse une longue période.

Dix ans se sont écoulés. Que sont devenus Mondor et sa fortune, et sa grande popularité ? Tout cela est évanoui, Mondor est ruiné ; loin de répandre soixante mille francs, tous les ans, dans le corps social, il lui est peut-être à charge. En tout cas, il ne fait plus la joie de ses fournisseurs, il ne compte plus comme promoteur des arts et de l'industrie, il n'est plus bon à rien pour les ouvriers, non plus que sa race, qu'il laisse dans la détresse.

Au bout des mêmes dix ans, non-seulement Ariste continue à jeter tous ses revenus dans la circulation, mais il y jette des revenus croissants d'année en année. Il grossit le capital national, c'est-à-dire le fonds qui alimente le salaire, et comme c'est de l'importance de ce fonds que dépend la demande des bras, il contribue à accroître progressivement la rémunération de la classe ouvrière. Vient-il à mourir, il laisse des enfants qu'il a mis à même de le remplacer dans son œuvre de progrès et de civilisation.

Sous le rapport moral, la Supériorité de l'Épargne sur le Luxe est incontestable. Il est consolant de penser qu'il en est de même, sous le rapport économique, pour quiconque, ne s'arrêtant pas aux effets immédiats des phénomènes, sait pousser ses investigations jusqu'à leurs effets définitifs.

XII. Droit au Travail, Droit au Profit

« Frères, cotisez-vous pour me fournir de l'ouvrage à votre prix. »
C'est le Droit au travail, le Socialisme élémentaire ou de premier degré.

« Frères, cotisez-vous pour me fournir de l'ouvrage à mon prix. »
C'est le Droit au profit, le Socialisme raffiné ou de second degré.

L'un et l'autre vivent par ceux de leurs effets qu'on voit. Ils mourront
par ceux de leurs effets qu'on ne voit pas.

Ce qu'on voit, c'est le travail et le profit excités par la cotisation sociale.
Ce qu'on ne voit pas, ce sont les travaux auxquels donnerait lieu cette
même cotisation si on la laissait aux contribuables.

En 1848, le Droit au travail se montra un moment sous deux faces.
Cela suffit pour le ruiner dans l'opinion publique.

L'une de ces face s'appelait : Atelier national.

L'autre : Quarante-cinq centimes.

Des millions allaient tous les jours de la rue de Rivoli aux ateliers
nationaux. C'est le beau côté de la médaille.

Mais en voici le revers. Pour que des millions sortent il faut qu'ils y
soient entrés. C'est pourquoi les organisateurs du Droit au travail
s'adressèrent aux contribuables.

Or, les paysans disaient : Il faut que je paie 45 centimes. Donc, je me
priverai d'un vêtement, je ne marnerai pas mon champ, je ne réparerai
pas ma maison.

Et les ouvriers des campagnes disaient : Puisque notre bourgeois se
prive d'un vêtement, il y aura moins de travail pour le tailleur ; puisqu'il
ne marne pas son champ, il y aura moins de travail pour le terrassier ;
puisqu'il ne fait pas réparer sa maison, il y aura moins de travail pour le
charpentier et le maçon.

Il fut alors prouvé qu'on ne tire pas d'un sac deux moutures, et que
le travail soldé par le gouvernement se fait aux dépens du travail payé
par le contribuable. Ce fut là la mort du Droit au travail, qui apparut
comme une chimère, autant que comme une injustice.

Et cependant, le droit au profit, qui n'est que l'exagération du Droit au Travail, vit encore et se porte à merveille.

N'y a-t-il pas quelque chose de honteux dans le rôle que le protectionniste fait jouer à la société ?

Il lui dit :

Il faut que tu me donnes du travail, et, qui plus est, du travail lucratif. J'ai sottement choisi une industrie qui me laisse dix pour cent de perte. Si tu frappes une contribution de vingt francs sur mes compatriotes et si tu me la livres, ma perte se convertira en profit. Or, le profit est un Droit ; tu me le dois.

La société qui écoute ce sophiste, qui se charge d'impôts pour le satisfaire, qui ne s'aperçoit pas que la perte essuyée par une industrie n'en est pas moins une perte, parce qu'on force les uns à la combler, cette société, dis-je, mérite le fardeau qu'on lui inflige.

Ainsi, on le voit par les nombreux sujets que j'ai parcourus : Ne pas savoir l'Économie politique, c'est se laisser éblouir par l'effet immédiat d'un phénomène ; le savoir, c'est embrasser dans sa pensée et dans sa prévisionl'ensemble des effets.

Je pourrais soumettre ici une foule d'autres questions à la même épreuve. Mais je recule devant la monotonie d'une démonstration toujours uniforme, et je termine, en appliquant à l'Économie politique ce que Chateaubriand dit de l'Histoire :

> « Il y a, dit-il, deux conséquences en histoire: l'une immédiate et qui est à l'instant connue, l'autre éloignée et qu'on n'aperçoit pas d'abord. Ces conséquences souvent se contredisent ; les unes viennent de notre courte sagesse, les autres de la sagesse perdurable. L'événement providentiel apparaît après l'événement humain. Dieu se lève derrière les hommes. Niez tant qu'il vous plaira le suprême conseil, ne consentez pas à son action, disputez sur les mots, appelez force des choses ou raison ce que le vulgaire appelle Providence ; mais regardez à la fin d'un fait accompli,et vous verrez

qu'il a toujours produit le contraire de ce qu'on en attendait quand il n'a point été établi d'abord sur la morale et la justice. »

(Chateaubriand ; *Mémoires d'outre-tombe.*)

ISBN : 978-1503229839

Frédéric Bastiat